HONORÉ ARNOUL

GRAND IN-8° 3ᵉ SÉRIE

HONORÉ ARNOUL

HONORÉ ARNOUL.

SA VIE

ET SES ŒUVRES

« Aimons nous, aidons-nous. »

PAR

MARIE DES BRUYÈRES

LIMOGES

Marc BARBOU et Cⁱᵉ, Imprimeurs-Editeurs
Rue Puy-Vieille-Monnaie.

PRÉFACE

Le tableau d'une existence utile et modeste est,
dans le temps où nous vivons, la leçon la meilleure
qu'un écrivain puisse offrir à la jeunesse. Celle-ci se
sent attirée par l'éclat des positions élevées, par le
retentissement des actions extraordinaires : Les succès bruyants, les fortunes vertigineuses, les caresses
de la popularité, qui sont comme un avant-goût de
la gloire, la séduisent et l'enthousiasment. Ce n'est
pas une tâche d'un faible mérite que de ramener l'esprit à la réalité, de lui montrer que là n'est pas le
vrai de l'existence, que la plupart des hommes ne
sont nés ni pour l'opulence, ni pour la vie publique,

ni pour la renommée, mais que, tous, ils sont appelés à faire le bien, et qu'à tous, dans un cadre proportionné à leurs moyens, il serait permis de remplir cette sublime destinée.

L'auteur de l'intéressante biographie qu'on va lire, a su prouver, par un exemple vivant, qu'un homme obscur, sans fortune, sans appui, sans talent de premier ordre, peut, par le seul rayonnement de son cœur, par la seule force de sa volonté, acquérir une haute influence morale, devenir ce que Le Play a si bien appelé « une autorité sociale » et exercer autour de lui la plus salutaire et la plus bienfaisante influence.

Toute la vie d'Honoré Arnoul tient dans trois mots : vertus domestiques, travail et charité. Cette âme d'élite était créée pour les affections intimes qu'elle ressentait avec tant de délicatesse et qu'elle était si digne d'inspirer. Arnoul avait été le meilleur des fils ; la femme à laquelle il s'unit fut la plus heureuse des épouses : ce bonheur dura trop peu de temps. La mort vint s'asseoir au modeste foyer. Le jeune homme, demeuré seul, porta toute sa vie le deuil de son beau rêve. Mais il le porta dignement et virilement. Son cœur ne se brisa point : l'épreuve le purifia et l'élargit. Puisque Dieu lui refusait les douces joies de la famille, il jetterait ses regards au-delà de ce cercle brisé et chercherait, dans une sphère moins limitée, des êtres à aimer et à servir. Telle fut désormais la pensée dominante et le but de cette vie, dont Mlle Marie des Bruyères a su esquisser, avec une véritable émotion et un charme pénétrant, les principaux épisodes.

Un des traits les plus remarquables de la physionomie morale d'Arnoul, non moins belle et noble que son visage, était sa profonde et toujours vive reconnaissance pour ses premiers protecteurs. Il gardait un véritable culte à leur souvenir et parlait d'eux dans les termes les plus touchants. Petit-fils d'un homme qui lui avait témoigné une sincère et paternelle affection, nous l'avons souvent entendu évoquer, les larmes aux yeux, cette mémoire vénérée, et ses récits, les détails dont il les accompagnait, les témoignages presque naïfs de sa gratitude, étaient pour notre piété filiale la plus douce des jouissances.

Après un demi-siècle de séparation, il conservait sur son bureau des objets qui avaient appartenu à ces amis de la première heure, et son regard s'y reposait de temps à autre avec attendrissement. Ce n'était point une nature vulgaire, l'homme qui savait se souvenir ainsi.

Mais la véritable caractéristique de cette belle âme, c'était l'esprit de charité, non pas cette simple disposition à la bienfaisance, cette bonté un peu banale qui chez plusieurs de nos contemporains s'allie à une certaine dose de scepticisme, mais un sentiment actif, chaud, débordant, dont on ressentait, en approchant Arnoul, les communicatives effluves. La vraie charité, la charité chrétienne animait et remplissait son cœur, et il ne fallait pas longtemps à qui causait avec lui, pour sentir les battements précipités de ce cœur, pour admirer les élans généreux de cette âme. Aimer était comme la raison et la loi de son être : Aimer, c'est se dévouer sans cesse, et, en vérité, il vivait de dévouement. Les pauvres, les souffrants, les faibles, les petits l'attiraient d'une façon irrésistible. Il allait à eux comme au but naturel de sa vie. C'était Dieu lui-même qui, en le privant des chères joies du foyer, lui avait donné cette tâche. Il la remplissait avec bonheur, se délassant, dans l'accomplissement de son œuvre de charité et dans le commerce de quelques amis de choix, du travail assidu, persévérant, infatigable qui fut toujours la règle et l'honneur de son existence d'écrivain.

Remercions M^llo Marie des Bruyères d'avoir si bien reproduit, dans son petit livre, les traits de cette belle et sympathique figure. L'ingratitude humaine est portée à oublier aisément les hommes qui, sans mener grand bruit autour de leur œuvre, ont consacré leur existence à alléger les souffrances de leurs semblables. Il est bon que quelques-uns, au moins, de ces serviteurs de l'humanité échappent à une injuste destinée, et qu'une main délicate et pieuse conserve leur souvenir.

Louis GUIBERT.

HONORÉ ARNOUL

SA VIE ET SES ŒUVRES

PREMIÈRE PARTIE

VIE FAMILIALE ET ADMINISTRATIVE

CHAPITRE Ier

NAISSANCE D'HONORÉ ARNOUL

La famille Arnoul a longtemps habité la Champagne et on trouve dans les archives du département de la Haute-Marne un sire Arnoul de Beaujeu qui, en 1668, épouse Catherine Fèvre, tante des Perrin de Gernay.

Ce sire de Beaujeu eut un fils qui épousa Marie Perrin en 1706 et ne signe plus alors que Gabriel Arnoul.

Ce fut le chef de la famille que nous retrouvons en Limousin et à laquelle nous devons une des gloires les plus pures des temps modernes.

Henry Arnoul, le père d'Honoré, était né en 1772.

Pendant douze ans, il fut soldat. Après avoir combattu avec vaillance, servi la patrie avec dévouement et perdu la moitié de la vue dans une bataille; il quitta le service sans avoir même une pension de retraite.

Trop fier pour se plaindre, il chercha à se créer une situation et ouvrit une école où, pendant de longues années, il s'appliqua à donner à la jeunesse une éducation sérieuse et chrétienne.

Sa femme le secondait admirablement dans les labeurs de cette vie de travail.

Il avait épousé une vraie femme de l'Evangile, active, intelligente, s'occupant de sa maison, aimant les pauvres et craignant Dieu.

Trois enfants naquirent de cette union, deux filles et un fils. Ce fut sur lui que se concentrèrent toutes les espérances de la famille dont la situation de fortune était des plus modestes. Mais Mme Arnoul était une croyante. Elle comptait sur l'avenir et sur la Providence.

Ce fut le 15 septembre 1810 que vint au monde Honoré Arnoul. Sa mère éprouva à sa naissance une joie

profonde, persuadée que cet enfant serait la gloire
et l'honneur de la famille.

Doué d'un caractère attachant et d'une intelligence
précoce, Honoré était l'objet de toutes les gâteries
maternelles. Il en éprouvait une vive reconnaissance
et avait pour sa mère les plus tendres caresses et les
plus touchantes attentions.

Ce fut sur les genoux de cette mère, qu'il ne cessa
jamais de vénérer, qu'Honoré Arnoul puisa les principes religieux et la charité ardente, qui feront de lui
un des bienfaiteurs de l'humanité.

En attendant, c'est un enfant charmant, très gai,
très bon, très aimé de ses camarades; déjà il montre
un penchant prononcé pour l'étude; la lecture est son
plaisir favori, et, au lieu de jouer avec ses petits amis,
il passe ses récréations avec un livre.

M. Arnoul était frappé des étonnantes dispositions de
son fils, de sa mémoire prodigieuse, de sa facilité d'ap-
prendre et réfléchissant à toutes les difficultés qu'il
rencontrerait pour donner à cet enfant une instruction le mettant à même de se créer un avenir, se
décida à faire une démarche devant laquelle sa fierté
avait reculé pour lui, mais sa tendresse paternelle fut

plus forte que ses scrupules, et il se décida à solliciter pour Honoré une bourse au Lycée.

C'était donner au gouvernement l'occasion de réparer une injustice ou un oubli.

Sa demande était plutôt un droit réclamé qu'une faveur à obtenir, aussi fut-elle promptement accordée et l'ancien soldat en éprouva une véritable joie.

Ce fut un véritable évènement dans la famille; la mère pleura à la pensée de se séparer de son cher Honoré; mais elle remercia la Providence du bonheur inespéré qui mettait entre les mains de ce fils bienaimé la possibilité d'arriver à la gloire, à la fortune, aux honneurs.

On convia parents et amis à un festin qui fut trouvé splendide. Ce modeste intérieur fut éclairé par les plus doux rayons de l'espérance.

On porta des toasts au jeune lycéen auquel on prédisait un superbe avenir.

Un de ses oncles, très amateur du musée qu'il visitait souvent, assura qu'Honoré ressemblait à un portrait de Mazarin, et qu'un jour il pourrait être ministre.

— Moi, dit un autre parent qui estimait que la fortune était la première des situations, je trouve qu'il a

la bosse du commerce et si on le met dans une manu-
facture de draps, il deviendra excessivement riche.

Le père sourit dédaigneusement.

— Et pourquoi n'en faites-vous pas un soldat ? Un
jour il sera officier.

Et les yeux du vieux brave s'illuminaient au souvenir des grandes batailles.

Soudain la mère s'écria :

— Mais je ne veux pas qu'il soit soldat, moi... Et
la guerre !... Il en reviendra blessé, défiguré, et peut-
être il y laissera la vie.

L'enfant attacha tristement ses grands yeux bleus
sur sa mère.

Lui aussi, comme tous les enfants de son âge, il
avait rêvé grades, épaulettes, victoires... Mais en voyant
le chagrin de sa mère il dit adieu aux rêves de gloire,
sacrifiant généreusement ses goûts à la tranquillité de
celle qu'il aimait si tendrement.

On ne s'occupa plus que du départ du lycéen. Quand
le trousseau fut prêt et les préparatifs terminés, le père
se disposa à le conduire lui-même au lycée.

Ce ne fut pas sans une grande émotion qu'Honoré
quitta la maison paternelle et dit adieu à sa mère.

Celle-ci pleura beaucoup, puis au travers de ses larmes elle bourra de bonbons et de friandises les poches de son fils.

Enfin elle l'embrassa et, redevenue maîtresse d'elle-même, elle lui dit ces paroles vraiment chrétiennes :

— Mon fils, n'oubliez jamais le bon Dieu, n'oubliez jamais de faire vos prières, n'oubliez point vos parents et restez toujours honnête homme.

L'enfant promit. Il tint parole et les pieuses recommandations de sa mère restèrent fidèlement dans son cœur.

CHAPITRE II

LE LYCÉE

Honoré avait à peine huit ans, lorsqu'il entra au Lycée : Il souffrit beaucoup pendant les premiers jours de n'être plus entouré des chères affections, au milieu desquelles s'était écoulée son enfance, mais il se mit au travail avec une ardeur qui surprit et émerveilla ses professeurs. Aussi fut il constamment le premier ; ses parents étaient heureux et fiers de ses succès et les plus superbes plans d'avenir se succédaient dans leur imagination.

Le jour de la distribution des prix arriva. Honoré fut appelé pour recevoir le prix d'excellence. En entendant le nom de son fils, l'émotion de Madame Arnoul fut si vive qu'elle perdit connaissance.

Les vacances passèrent rapidement, Honoré travailla sous la direction de son père, et quand il rentra, au lycée, sa réputation de bon écolier s'accrut encore.

Malgré un travail incessant il grandissait, ses forces s'augmentaient, très nerveux et très habile dans les exercices de corps, il était toujours le premier dans les luttes enfantines, remportait les victoires dans les petites guerres, arrivait le premier au but désigné et devint ainsi le chef d'une jeune bande qui le proclama roi de la Cabale et lui donna pour emblême de cette suprématie, un sceptre consistant en une branche d'artichauts surmontée de son fruit et une couronne de carton.

« Il y a dans les attributs de cette royauté, dit un jour Arnoul, en parlant des incidents de son enfance, un enseignement philosophique, car ils figurent l'amertume des grandeurs de ce monde.

« Grandeurs hélas ! bien éphémères, pleines de néant et de vaines gloires.

« Grandeurs si peu faites pour satisfaire.

« En voyant crouler tant de trônes, ajoutait-il, j'ai souvent pensé à mon sceptre végétal et à ma couronne de carton. »

Honoré parcourut les premières étapes scolaires avec

un succès continuel, obtenant toujours les premières places.

Ses camarades n'en étaient pas jaloux, car il était très bon pour eux, très obligeant, toujours disposé à leur rendre service, se mettant de préférence du côté des plus jeunes et des plus faibles qu'il protégeait et soutenait contre les plus forts.

Il arriva ainsi en troisième, précédé par la supériorité de ses études, et ne se doutant pas, en se remettant au travail avec une ardeur que rien ne lassait, des orages qui allaient fondre sur lui.

Il y avait alors comme maître de classe un ancien élève de l'école normale, très fort, très savant, dont le cerveau était bourré de grec et de latin, mais qui avait un caractère irascible et une grande ambition.

Il ne partageait nullement la sympathie que l'on avait pour Honoré et était pour lui d'une dureté et d'une injustice révoltantes, cherchant à l'exaspérer par mille petites tyrannies, désolé enfin de lui voir toujours occuper les premières places au préjudice des fils de fonctionnaires ou de familles riches, qui auraient pu le faire arriver à de plus hautes fonctions.

Ce professeur avait une foule de manies qui le rendaient la risée des élèves, il avait une perruque rousse, portait une calotte et se mettait constamment en colère.

Comme il était asthmatique, ses accès de rage lui donnaient des quintes de toux qui le rendaient affreux et qui amusaient la classe.

Parmi les élèves, il y avait un jeune homme de quinze ans, ami d'Honoré, qui était ce qu'on appelle un farceur.

Sa gaieté, son esprit, son entrain, en faisait un aimable camarade, mais il était détesté lui aussi du professeur à cause de la vivacité de ses reparties et de son esprit vif et moqueur, aussi était-il toujours accablé de pensums et privé de récréations ; furieux des mille injustices dont Honoré et lui étaient victimes, il prit la résolution de se venger.

Il écrivit une lettre anonyme, tournant le maître en caricature, se moquant de ses ridicules, l'accablant des épithètes les plus drôles.

Cette épitre fut placée à la place même du maître.

On juge de sa colère quand il en prit connaissance : Il devint écarlate et les élèves crurent qu'il allait étouffer; pendant quelques minutes une quinte de toux affreuse, l'empêcha de parler, et ce fut au milieu d'une véritable crise qu'il s'écria haletant :

— Toute la classe au pain sec.

— Pas avant, dit Arnoul, que vos yeux soient rentrés dans leurs orbites.

La plaisanterie était douteuse, mais la Fontaine a dit :

« Cet âge est sans pitié.

Et tous se mirent à rire.

La rage du professeur ne connut plus de borne.

— Toute la classe au cachot et au pain sec, répéta-t-il sévèrement.

Honoré protesta :

Punir toute une classe pour la faute d'un seul, lui semblait une injutice.

— Vous êtes le coupable de cette infamie dit le maître.

— Non répondit le jeune homme, mais je trouve que quarante innocents ne doivent pas payer pour un coupable.

— Si vous n'êtes pas le coupable, répartit le professeur, vous en êtes l'instigateur, le conseiller, vous serez chassé du lycée.

— C'est impossible dit le jeune homme, je suis innocent.

Il connaissait le coupable et espérait qu'il se dénoncerait, mais devant la perspective de l'expulsion terrible, l'auteur de la lettre anonyme garda le silence et eut la lâcheté de laisser tout le poids de l'accusation retomber sur son camarade.

Le Professeur tint parole, il représenta Honoré Arnoul, comme le chef d'une conspiration ourdie contre son honneur, sa réputation, son repos et demanda le renvoi de l'élève, menaçant si justice n'était pas faite et la punition exemplaire de donner sa démission.

Le Proviseur était très perplexe, il était fier de l'élève très travailleur et toujours le premier dans ses classes, mais il voulait garder le maître, dont le savoir était incontestable. Alors il envoya chercher le jeune homme, voulant essayer par la douceur de connaître le nom du coupable et d'arranger l'affaire.

Le Proviseur le pressa de question?

— Je suis innocent je vous le jure, répéta-t-il.

— Mais vous connaissez le coupable? dites-moi son nom !

— Jamais dit l'enfant en secouant négativement la tête.

Le coupable il le connaissait, mais dans sa probité

native, sa conscience honnête et droite se révoltaient à la pensée d'une délation.

On le mit au cachot pendant deux jours, le laissant à ses amères réflexions et employant tour à tour la violence et la douceur pour ébranler sa volonté et lui faire avouer quel était le coupable.

Il fut inébranlable et montra une énergie bien au-dessus de son âge.

Cependant son chagrin était immense, quand il pensait à la douleur de ses parents, à l'écroulement de tous les châteaux en Espagne qui avaient salué son entrée au lycée et ses larmes coulaient avec abondance.

— Mon Dieu, si je m'accusais se dit-il.

Une rougeur empourpra ses joues à la pensée d'un mensonge !

— Si j'avoue que j'ai écrit, dit-il au Proviseur, me chassera t'on du Lycée.

— Non ! répond le maître, mais vous serez privé de tous les prix que vous aurez mérité, une lettre anonyme est une bassesse qui vous place au rang des espions et des lâches.

Saisi d'indignation le jeune prisonnier s'écria :

—Monsieur ! cette lâcheté je ne l'ai point commise,

je suis innocent, si j'avais écrit une semblable lettre, je l'aurais signée.

— Il est possible que vous ne l'ayez pas écrite, mais vous en connaissez l'auteur, vous l'avez conseillée, dictée peut-être ; c'est une basse vengeance contre votre professeur.

— Non Monsieur, dit-il avec fermeté, je ne suis point coupable de telles bassesses, j'ai dit et je persiste à dire, que punir quarante élèves pour la faute d'un seul est une injustice et que les punir pour faire trouver le coupable est une indignité.

Malgré la fermeté de ses réponses et l'accent sincère de ses paroles, on le mit au cachot et pendant quarante-huit heures, il fut au pain et à l'eau.

Que d'amères réflexions vinrent le désoler. Il vit son avenir perdu, la douleur de ses parents, l'inutilité des sacrifices qu'ils avaient faits pour lui.

Mais Honoré ne pouvait sortir de cette situation.

Placé entre son devoir et ce qu'il appelait une infamie, il n'hésita pas. « Ce fut le premier acte de ma vie d'homme » disait-il, en parlant de cette grande épreuve de sa jeunesse.

On fit venir près de lui toutes les personnes qui pouvaient avoir de l'influence sur lui et faire fléchir son caractère.

Les larmes de sa mère, qui retombaient brûlantes sur son cœur, ses prières, ses caresses, les anathèmes du père qui menaçaient son fils de toute sa colère, de sa malédiction, disant qu'il ferait de lui un mousse ou un cordonnier.

Tout fut inutile, Honoré resta inébranlable dans son mutisme et ne voulut rien dire.

Son caractère se révéla en cette circonstance, avec une force extraordinaire. Sa famille et ses maîtres s'étonnèrent de cette coupable résistance et prirent pour de l'entêtement et de l'hypocrisie, ce qui n'était qu'un accès de générosité.

L'enfant joignit ses instances à celles de ses parents pour obtenir sa grâce, mais le Proviseur jugeant qu'un exemple était nécessaire resta inflexible et le malheureux écolier fut chassé du lycée.

Honoré rentra chez lui le cœur froissé d'une révoltante injustice, mais le témoignage de sa conscience et la certitude d'avoir fait son devoir, le soutenaient dans la tristesse profonde que ses yeux rougis de larmes et ses traits fatigués par la douleur et l'insomnie accusaient.

Le premier repas de famille fut triste comme un dîner de deuil, c'était un deuil d'avenir, d'espérance, deuil des rêves de gloire et de fortune que le départ du lycée faisa:t évanouir.

L'abattement d'Honoré était si grand, qu'avec une exquise délicatesse de sentiments, ses parents ne lui firent aucun reproche.

Honoré réfléchissait et avec une maturité bien au-dessus de son âge, il se demandait quel métier il pourrait faire? quelle carrière il pourrait suivre, il n'y avait en qu'une qui s'ouvrit devant lui, c'était celle de l'instruction ; désormais son parti fut pris ; il allait continuer ses études et il arriverait un jour à dédommager ses parents des sacrifices qu'ils avaient faits pour son éducation.

En conséquence après une de ces journées tristes et silencieuses, comme elles étaient toutes depuis le retour d'Honoré : au moment où la famille allait se séparer ; le jeune homme les retint?

— Ecoutez-moi leur dit-il, j'ai besoin de vous parler !

Ils se rassirent en silence et doucement le père reprit :

— Que veux-tu mon enfant, tu as réfléchi, tu te

repens, tu nous a bien désolés ; mais nous t'aimons trop pour ne pas te pardonner.

Nous n'aurons plus les moyens de t'instruire, mais ne te désespère pas, reprends courage et dussions nous vendre tous nos meubles et mourir à l'hôpital, nous achèverons ton éducation.

Honoré se précipita aux genoux de son père en fondant en larmes ; tant de bontés et de dévouement le touchaient profondément et il ne pouvait contenir son émotion.

Sa mère le releva doucement et l'attirant à elle comme un enfant malade et le couvrant de baisers elle lui dit : N'en parlons plus, ce qui est fait est fait ; nous sommes bien surs que tu ne recommenceras plus et tous deux nous te pardonnons.

— Mon père, ma mère écoutez-moi et croyez-moi, je vous en supplie ?

— Eh bien parle nous t'écoutons, nous te croyons dit la mère en essuyant ses larmes.

— Jamais vous n'avez eu de reproches à me faire jusqu'à ce jour fatal, n'est-il pas vrai ?

— Jamais mon enfant !

— Jamais vous ne m'avez vu mentir, ni commettre des actions basses et méchantes.

— Jamais, car hélas ! nous étions fiers de toi !

— Eh bien soyez en fiers, car en cet instant solennel devant Dieu qui m'entend : sur vos têtes adorée s je jure que je n'ai point écrit la lettre qu'on me reproche, que je n'y suis pour rien.

J'ai pu être vis-à-vis de mon professeur, inconséquent, hardi, irrespectueux, mais je n'ai jamais été menteur, imposteur, lâche !

— Malheureux enfant, il fallait dire tout cela à tes maîtres.

— Je l'ai dit, mais cela a été inutile.

— Connais-tu l'auteur de la lettre anonyme ?

— Oui.

— Il fallait le nommer ?

— Jamais.

— Pourquoi ne se dénonce-t-il pas lui-même, s'écria la mère ; pourquoi te laisse t-il punir injustement : Il n'a donc ni cœur ni âme.

— S'il est coupable ma mère, dois-je l'imiter ?

— Eh bien, j'irai moi-même trouver le professeur, je lui dirai de faire des recherches ; on le trouvera et il faudra bien qu'il avoue et qu'il expie ses torts.

— Vous ne ferez point cela ma mère, car j'ai juré au coupable que quoiqu'il arrive, je ne le dénoncerais jamais : Une parole est une chose sacrée ; je tiendrai la mienne.

Si par vos démarches ma mère, on arrivait à le découvrir je passerais alors pour complice, car j'ai été comme lui victime des injustices du professeur.

On ne croira point innocent celui que prières et menaces n'ont pu fléchir.

Le père écoutait en proie à la plus vive émotion !

Il ouvrit les bras à son fils !

— Bien, Honoré s'écria-t-il, tu seras un honnête homme va, je t'aime mieux chassé, ainsi que triomphant par une déloyauté ; un jour viendra ou justice te sera faite.

En attendant marche dans la vie la tête haute, nous t'aimons mon fils et nous te bénissons.

Le vieux soldat remercia Dieu des sentiments élevés et généreux qu'il avait mis en l'âme de son fils, cependant il voulut faire un dernier appel près du Proviseur, et crut de son devoir de père d'aller lui porter l'assurance de l'innocence d'Honoré, mais le parti était pris : le Professeur irrité avait maintenu ses conditions : lui ou moi ; et devant cet ultimatum le Professeur était resté.

CHAPITRE III

ÉNERGIE

Honoré Arnoul ne se laissa pas abattre par cette
première injustice qui l'atteignait à son entrée dans la
vie ; il se remit au travail avec ardeur.

Le chef d'une pension rivale du Lycée lui ouvrit ses
portes, et fut tellement frappé de l'intelligence de
son nouvel élève, qu'il voulut le faire concourir à un
prix de discours français proposé par le préfet, bien
qu'Honoré fût trop jeune pour ce concours.

Une somme de 500 francs était attachée à ce prix.
« Si vous le remportez, avait dit le maître à l'élève,
vous achèverez gratuitement vos études en faveur de
la gloire qui en rejaillira sur ma maison.

Il n'en fallait pas tant pour stimuler le zèle de l'écolier : jour et nuit il s'occupa de son concours, et fut
assez heureux pour remporter le prix.

Ce fut un beau jour pour lui quand, aux applaudissements d'une foule nombreuse, devant ses parents
fiers et heureux, devant ses anciens professeurs, son
nom fut prononcé. Le préfet le couronna et lui dit avec
un sourire des paroles d'encouragement et d'espérance. Sa mère rayonnait. C'était pour ce fils bien-aimé
une réhabilitation publique. Elle oublia les souffrances
passées pour ne songer qu'à l'avenir.

A la rentrée, on se disputa le jeune lauréat que ses
anciens maîtres voulaient reprendre ; mais il resta
fidèle à celui qui l'avait si généreusement accueilli dans
sa détresse

Honoré avait l'amour des arts, et tout en terminant
ses études, il s'occupait de musique, de poésie, de
peinture.

Ses merveilleuses dispositions surprenaient ses professeurs. Un artiste de Paris, très renommé pour son
talent de peintre, vint à Limoges passer quelque
temps chez son frère. Celui-ci lui montra les dessins
d'Honoré et ses compositions.

Le maître en fut charmé et proposa de lui donner des
leçons qui furent acceptées avec enthousiasme.

Il fit des progrès qui émerveillèrent tellement l'artiste, qu'il lui proposa de l'emmener à Paris.

— Nous travaillerons ensemble, lui dit-il ; vous arriverez.

Cette proposition sourit extrêmement au jeune homme, et ce fut avec effusion qu'il en remercia l'homme généreux qui voulait l'associer à sa fortune. Mais les parents d'Honoré, pour lesquels Paris était une ville maudite, le supplièrent de renoncer à l'exécution de ce projet.

Ce fut un cruel sacrifice pour Honoré que de renoncer à ce voyage qui souriait à ses goûts, à sa nature d'artiste, à son désir d'arriver ; mais il n'hésita pas : l'amour du devoir était sacré dans cette jeune âme. Il obéit sans murmurer.

— Vous avez tort, lui dit le savant dessinateur en le quittant ; votre carrière était là : vous brisez votre avenir.

— Je me dois à mes parents, répondit simplement Honoré en disant un dernier adieu à celui qui avait développé dans son esprit l'amour de l'art, source de si douces et de si pures jouissances.

Le temps lui manque pour s'y adonner complètement. Il faut trouver une occupation lucrative pour dédommager ses bien-aimés parents des sacrifices qu'ils ont faits pour lui.

Une place de sous-maître dans la pension où il avait été accueilli lui fut offerte, il l'accepta avec empressement et s'en acquitta avec zèle ; trouvant à peine le temps de s'occuper de ses chers pinceaux, car il travaillait le jour et la nuit, sa santé de fer résistait à toutes ses fatigues.

« — J'avais à cœur, écrit-il, de tirer parti des moyens que Dieu avait mis en moi, et de pouvoir récompenser mes parents de leur immense bonté. »

Ce qu'il fit pendant deux ans est incalculable. Il donnait des leçons d'écriture en ville à de jeunes enfants, faisait le soir les comptes de plusieurs maisons de commerce, écrivait la nuit, enfin multipliait les démarches pour arriver à se créer une position indépendante.

Ses amis admiraient cette incroyable énergie. Son père en était fier.

— Il arrivera, disait-il.

Sa mère égrenait les *Ave* de son chapelet afin que Dieu bénisse ce fils bien-aimé qui soutenait vaillamment sans trève ni merci l'âpre lutte de la vie.

Jamais Honoré ne sortait pour un plaisir quelconque. Il se refusait absolument toutes les distractions de son âge, et consacrait toutes ses heures à l'étude et au travail.

Cependant son imagination était ardente, et il y avait dans son cœur un besoin d'affection auquel ne suffisaient plus les tendresses maternelles. Il se créa alors un type de femme que ses pinceaux reproduisaient, que ses vers chantaient, que son imagination idéalisait. Il lui parlait, il la voyait, il l'aimait. Il aurait renouvelé pour elle la fable de Pygmalion si les réalités de la vie et son amour pour ses parents ne l'eussent arraché aux rêves ensoleillés de ses dix-huit ans.

L'espérance était dans son cœur, il avait foi en l'avenir et confiance en la Providence, qui n'abandonne jamais ceux qui croient en Elle.

Une personne influente de la ville, ayant eu connaissance de l'énergie d'Honoré, résolut de lui venir en aide et de faire du bien à cette famille dont l'honorabilité était si grande.

Elle fit venir Honoré et lui proposa une place d'expéditionnaire à la préfecture de la Haute-Vienne avec six cents francs d'appointements par an.

Six cents francs par an ! c'était une fortune dans sa situation, et il ressentit une telle joie de cette proposition qu'il ne trouvait pas de paroles pour remercier l'homme généreux qui en était l'intermédiaire.

« —Il faut avoir souffert comme moi, désiré comme moi, travaillé comme moi, écrit-il, pour comprendre ce qu'une situation aussi modeste, mais aussi imprévue, m'apportait.

« J'acceptai avec joie ; ce fut un de mes meilleurs jours. »

Le premier pas était franchi : c'était le plus difficile.

Honoré entra dans les bureaux avec la ferme conviction que désormais il arriverait. Il dit adieu aux douces rêveries qui avaient embelli sa triste jeunesse et se consacra entièrement à sa nouvelle carrière.

Il apporta dans ses modestes fonctions un tel esprit d'ordre, de régularité, de savoir-faire, qu'il s'attira l'estime et l'affection de ses chefs.

L'un d'eux était un écrivain distingué. Il prit Arnoul en grande amitié et lui fit obtenir un second emploi de seize cents francs.

Jamais la famille Arnoul n'avait fait pour Honoré de rêves aussi dorés. Deux mille francs en Limousin, pour ces braves gens, quelle fortune !

La reconnaissance du jeune employé pour son protecteur fut immense.

Celui-ci était chef de bureau à la préfecture. C'était un excellent administrateur et un écrivain distingué. Il s'appelait M. Salé, et dirigeait alors avec beaucoup de talent le journal du département, journal dont le format était si petit qu'on l'avait bizarrement surnommé *le petit Salé*.

Ce fut là qu'Honoré Arnoul fit ses premières armes dans le journalisme. Il y écrivit des articles qui furent très appréciés et attirèrent sur lui l'attention du préfet, qui le chargea d'un rapport très compliqué sur le service des enfants trouvés. Arnoul se tira à merveille de ce travail difficile. Les conclusions de son rapport furent adoptées et il fut chargé d'en faire l'application.

Il s'en acquitta admirablement, réduisit les dépenses du budget sans nuire aux pauvres petits enfants, et obtint un tel succès que le préfet voulut l'avoir près de lui comme secrétaire.

Il fut également nommé secrétaire de la commission administrative de l'hospice des aliénés, qu'on appelait Maison de bon secours ou la Force. Il seconda avec son cœur et une remarquable intelligence le dévouement angélique de sœur Bégouime, supérieure de la maison de bon secours, et celui de l'intelligent directeur de l'établissement, le capitaine Guilbert.

Les succès si mérités d'Arnoul lui firent quelques envieux. En province, on pardonne difficilement aux humbles et aux petits leur élévation.

On fit subir à Arnoul mille vexations, mille souffrances d'amour-propre. Il arracha l'ivraie du champ qu'il moissonnait, et se vengea des injustices de ses concitoyens en leur faisant du bien.

Il ouvrit des cours gratuits, et tous les soirs réunissait des centaines d'ouvriers, des jeunes gens sans fortune, sans position, auxquels il donnait des leçons, leur enseignant, avec les notions d'histoire et de géographie, les grands principes religieux et moraux qui font les nations fortes et les familles heureuses.

La mère d'Arnoul était heureuse et fière de son fils. Elle aimait à le voir dans la calèche du préfet qu'il accompagnait dans ses tournées administratives. Elle se mettait alors sur son passage, et Honoré, simple et souriant comme jadis, lui envoyait du bout des doigts une envolée de baisers.

Le préfet aimait à voir chez son jeune secrétaire cette franchise d'allure, cet amour filial qui est la base de toutes les vertus, et il avait pour lui une profonde estime et une sérieuse affection.

CHAPITRE IV

Le Préfet se déchargeait sur son jeune secrétaire de mille détails. Les dîners, les réceptions et les bals l'avaient pour organisateur. Il s'en tirait à merveille, à la grande satisfaction de son chef, qui avait toute confiance en lui et lui donnait carte blanche.

A l'occasion de la fête du roi, un grand bal devait être donné dans les salons de la Préfecture, et pour cette circonstance il s'agissait de donner à cette fête un éclat extraordinaire et d'étendre les invitations dans tout le département et les villes voisines.

Beaucoup de personnes acceptèrent : les hôtels de Limoges furent remplis et dans les rues on rencontrait des carosses et des calèches datant du Déluge.

Le bal fut superbe et dépassa en splendeur tous-ceux qui avaient été donnés jusque-là.

— L'honneur vous en revient, mon cher, dit le Préfet à Honoré, en le complimentant sur la parfaite organisation de la fête.

Illuminations, danses, rafraîchissements, il veillait à tout, ne se doutant pas du trouble que cette soirée apporterait dans sa vie.

Un de ses amis l'arrêté au passage :

— Vous ne dansez donc pas ce soir, lui dit-il ?

— Plus tard, répond Honoré, quand tout sera réglé pour le souper, car le maître d'hôtel me dérange à chaque instant.

— Dites-moi donc le nom de la jeune fille qui est assise dans le salon du milieu, tout le monde la remarque.

— Où est-elle ?

— Je vais vous la montrer.

Et il le conduisit vers un groupe dont une jeune fille, presque une enfant, était le centre.

— La voilà. Qui est-elle ?

— Je ne l'ai jamais vue, répondit Arnoul, profondément troublé par la simplicité exquise et la grâce modeste de la jeune fille.

— Ah ! si, il l'avait vue dans les rêves de sa dix-huitième année, c'était l'ange de sa jeunesse, son idéal, c'était *Elle* enfin !...

L'impression fut si forte qu'il resta anéanti.

— Eh bien, lui dit son ami ?

— Je ne connais pas le nom de cette jeune fille, répondit Arnoul d'une voix grave, mais elle sera ma femme.

Son ami le crut fou et le lui dit en riant.

— Non, mon cher, je ne suis pas fou ; je suis prophète et vous le verrez.

Puis sans timidité, sans fausse honte, il s'approcha de la jeune fille comme s'il l'eût connue depuis son enfance, et il lui demanda la faveur d'une contredanse.

Elle leva sur lui ses grands yeux bleus pervenche, et répondit en souriant :

— J'en ai promis beaucoup.

— Il doit bien vous en rester une pour moi. Cherchez.

Etonnée de cette insistance, elle le regarda et répondit doucement :

— Mon père a l'intention de se retirer de bonne heure,

— Mademoiselle, vous ne me refuserez pas ?...

Troublée à son tour, elle se mit à sourire et lui dit :

— Puisque vous le voulez absolument, Monsieur; je vous donnerai la troisième contredanse que j'ai promise à un ami de mon père auquel je puis la redemander.

— Merci, répondit simplement le jeune homme, les yeux fixés sur le bouquet de violettes de Parme que la jeune fille portait à sa ceinture.

A partir de ce moment, Honoré oublia ses fonctions de secrétaire et quand vint le tour de la contredanse il éprouva une émotion si vive qu'elle se communiqua à la jeune fille; tous les deux troublés, émus, ne se parlèrent pas. Ils dansèrent, brouillèrent les figures, et quand Arnoul ramena sa danseuse à sa place il avait le secret pressentiment que Dieu allait fixer sa destinée et qu'il avait mis sur sa route celle qui serait la compagne de sa vie.

La jeune fille pieuse, naïve, sérieusement élevée, luttait contre cette subite et mystérieuse sympathie qui l'envahissait à son insu.

Quand Honoré s'approcha d'elle pour lui demander de danser encore, elle balbutia.

Un homme d'aspect sévère était près d'elle.

— Quel est ce monsieur? dit-il à la jeune fille.

— Mon danseur, répondit-elle simplement.

— Il ne m'a pas été présenté, Amélie, dit brusquement le père.

Honoré n'en entendit pas davantage ; elle s'appelait Amélie et ce nom, comme une douce musique, résonnait à ses oreilles.

Il entraîna la jeune fille dans un autre salon et lui dit simplement :

— Je me nomme Honoré Arnoul. Demain je me ferai présenter chez Monsieur votre père.

— Merci, répondit-elle naïvement. Nous nous reverrons... bientôt, n'est-ce pas ?

— Oh oui, bientôt, murmura Arnoul en ramenant la jeune fille à son père et à sa tante qui l'attendaient pour partir.

Honoré s'inclina devant eux, serra la main de mademoiselle Brindel, dont un sourire plein de radieuses espérances illuminait le charmant visage.

Quand elle disparut, enveloppée de dentelles blanches, le jeune homme resta longtemps les yeux attachés sur la chère vision envolée !

— Vous êtes donc bien fatigué, lui dit le Préfet, en lui frappant sur l'épaule.

— Oh ! oui, répondit le jeune secrétaire.

— Le fait est que depuis trois jours vous n'avez pas dormi ; mais recevez mes compliments, la fête a été magnifique.

— Oui, monsieur le Préfet.

— Tenez, allez vous coucher ; vous avez l'air stupide. Vous connaissez donc beaucoup Mademoiselle Brindel ?

— Nullement.

— Mais vous avez constamment dansé avec elle.

— Je ne la connaissais pas.

— D'où vient alors votre intimité avec elle.

— Ah ! Monsieur, vous avez vu mademoiselle Amélie et vous me le demandez ?

— Fort bien, dit le Préfet en éclatant de rire. Vous ne connaissiez pas Mademoiselle Brindel et vous connaissez son petit-nom. Allez dormir, mon ami, sur ce rêve de vos dix-huit ans. Demain vous vous éveillerez.

— Demain comme aujourd'hui, répondit le jeune homme, je n'aurai qu'un but, qu'un désir, qu'une ambition : épouser mademoiselle Brindel.

Le Préfet posa amicalement la main sur la tête d'Honoré.

— Vous êtes fou, mon cher, et ce sont des dou-

ches qu'il faudra vous donner. En attendant, bonne
nuit !

Le lendemain, Honoré alla trouver sa mère. Le voyant pâle, défait, elle eut peur qu'il ne lui soit arrivé
quelque chose.

— Mon fils, qu'as-tu, lui dit-elle effrayée?

— J'ai vu hier soir l'ange de mes rêves, la seule
femme que j'aie jamais aimée... la seule que j'épouserai !...

Comme le Préfet, elle le crut fou. Mais lui, grave-
ment :

— Ma mère, écoutez-moi, car rien n'est plus sérieux
que ce que je vais vous dire.

Vous m'avez toujours connu travailleur assidu,
luttant courageusement contre les épreuves, les difficultés, les misères de la vie ; jamais vous ne m'avez
vu acceptant un plaisir, une distraction ; jamais
une jeune femme ou une jeune fille n'a attiré mes regards. C'est que j'avais au cœur l'image chère et
charmante d'une femme idéale, devant laquelle toutes les autres disparaissaient, que j'aimais, que j'ado-
rais à genoux.

Eh bien ! hier, au bal, cette vision de ma jeunesse

m'est apparue sous les traits de Mademoiselle Amélie
Brindel. Elle sera ma femme! Je l'épouserai!...

— Mon pauvre enfant, tu te crée des chimères ir-
réalisables. La fortune des Brindel, leur situation,
leur famille mettent un abîme entre eux et nous.

— Nous le franchirons, ma mère. Notre famille
n'est-elle pas ancienne et considérée... Et quant à la
fortune, je la gagnerai, je deviendrai riche...

Comme Madame Arnoul l'avait prévu, la demande
du jeune homme fut impitoyablement rejetée. Le père
répondit que sa position manquait de stabilité, que sa
fortune était insuffisante, que sa fille était trop jeune,
bref qu'il fallait renoncer à ce projet.

Larmes, prières, supplications, tout fut inutile : le
père fut inexorable. Mais quand on a vingt ans, rien
ne semble impossible à des âmes éprises d'idéal.

— J'arriverai, dit le jeune homme.

— J'attendrai, pensa la jeune fille.

CHAPITRE V

Les obstacles n'effrayaient pas Honoré Arnoul, et cet homme de vingt ans entrait dans la vie avec un courage et une énergie extraordinaires. Il s'agissait maintenant de lutter pied à pied, de combattre la destinée et d'arriver au but vers lequel maintenant tendaient tous ses vœux.

Son activité ne connut plus de bornes.

Les journaux étaient en vogue et les livres avaient du succès.

Honoré fonda une librairie dans une rue fréquentée de Limoges, rue Manigne, y joignit un bureau d'abonnements pour tous les journaux et une agence d'assurances, *le Réparateur*.

Toutes ses diverses affaires, conduites avec une

4

merveilleuse intelligence, réussirent à merveille. La mère d'Honoré le secondait avec son cœur, son dévouement, son esprit d'ordre. Elle avait pour lui, non sans regret, quitté son modeste appartement de la rue Vaulry, ses habitudes simples et modestes, sa vie retirée. Elle avait confiance dans l'avenir de son fils, pour lequel elle entrevoyait le bonheur dans un lointain horizon, et rien ne lui coûtait pour hâter ce dévouement qu'elle appelait de tous ses vœux et pour lequel elle adressait chaque jour à Dieu de ferventes prières.

Quand les affaires commerciales de la rue Manigne furent installées et en pleine voie de prospérité, Honoré Arnoul reprit la plume. Son esprit vif, varié, incisif, ses connaissances nombreuses, firent remarquer et apprécier les articles qu'il publia dans divers journaux, sa réputation d'habile journaliste fut promptement établie. Il s'occupa alors sérieusement des Annales de la Haute-Vienne, dont il devint le « rédacteur en chef ».

Le succès de cette importante publication dépassa toutes ses espérances. Honoré Arnoul y joignit bientôt une nouvelle revue d'une grande importance : le *Limousin Historique*.

C'était une belle et noble pensée, à cet enfant du pays, que celle de faire revivre toutes les illustrations de cette vieille contrée granitique que l'apôtre des Gaules, saint Martial, est venu évangéliser, que des évêques comme saint Junien, saint Yrieix, saint Eloi, ont sanctifiés ; que des hommes de guerre comme d'Aubusson, La Feuillade, Jourdan, etc., ont immortalisés. Une contrée qui a donné le jour à des bienfaiteurs de l'humanité comme Turgot, à des économistes comme Frédéric Le Play, Michel Chevalier, à des savants comme Gay-Lussac, Varillas (1), etc., à des artistes comme les émailleurs Naudin, Noualhier, Raymond, et de nos jours à Adrien Dubouché, à qui la ville de Limoges doit son musée et la plus belle collection céramique de l'Europe.

Honoré Arnoul, fier de toutes les gloires qui ont illustré sa terre natale, va les mettre en lumière en attendant le jour où, pionnier de la vertu, il cherchera dans le monde entier les misères pour les soulager, les dévouements pour les exalter, les belles actions pour les récompenser, dans l'œuvre encore inconnue de l'encouragement au bien.

(1) Ce dernier est originaire de Guéret.

L'apparition du *Limousin Historique* fut un véritable événement.

Ce recueil, par sa généralité, comprenait tout ce qui avait trait à l'histoire du pays : Notices biographiques, chroniques, documents inédits, vieux récits, légendes, etc.

La première livraison donnait les plus intéressants détails sur l'origine et les brigandages des croquant s dont parle Mezerai.

Puis c'est une intéressante description de l'entrée de Jeanne d'Albret et d'Antoine de Bourbon à Limoges en 1556.

« Il fait plaisir, dit l'historien Arnoul, de voir défiler dans le cortège la brave et fière noblesse du Limoùsin, les seigneurs de Rohan, des Cars, de Pompadour, de Lavauguyon, tous les capitaines des cantons du Clocher, des Combes, et le capitaine du canton des Boucheries.

« *Vieux grisard d'un visage joyeux et allaigre, portant un baston au poingt marchant avec gravité.* »

M. Guizot, ministre de l'Instruction publique, s'occupait alors de disputer au marteau des bandes noires et à la poussière du temps les vieux manuscrits et les vieilles chartes. Il cherchait en province des collaborateurs intelligents.

M. Augustin Thierry, qui avait trouvé dans le *Limousin historique* des détails très intéressants, signala le jeune rédacteur à M. Guizot, et l'illustre historien apprécia tellement le talent d'Honoré qu'il voulut le récompenser de ces intéressants travaux, et lui donna une faveur exceptionnelle. Il le nomma secrétaire du comité supérieur de l'Instruction publique, « pour les services rendus à la constitution des documents relatifs à l'histoire du Tiers-Etat »(1).

Toutes ces faveurs attirèrent sur Honoré l'attention: il est nommé professeur d'économie générale à l'Ecole Normale, secrétaire du comité départemental de l'Instruction primaire, et au milieu de toutes ses situations diverses, il ne songe qu'au bien de son pays et au bonheur de ses semblables.

Ces nobles aspirations trouvaient un écho dans l'âme de la jeune fille à laquelle il ne cessait de penser en attendant le moment où il lui serait permis de déposer à ses pieds la fortune, la gloire, le bonheur.

(1) Moniteur du 14 mai 1838.

CHAPITRE VI

M. Brindel adorait sa fille, mais, comme la plupart des parents il avait rêvé pour elle un mariage brillant et riche, regardant la question d'argent comme la plus importante. De là tant d'unions mal assorties qui se dénouent par un divorce ou devant les tribunaux.

La fortune d'Honoré Arnoul s'accroissait rapidement et son nom répété avec éloges dans tous les journaux du département pouvait flatter l'amour-propre d'une femme; mais l'ambition du père était plus grande encore et le consentement sollicité par les jeunes gens pour une union où se trouvait l'uniformité de goûts, de sentiments, l'harmonie de deux cœurs que Dieu semblait avoir créés l'un pour l'autre, fut longtemps refusé.

Arnoul, sans se décourager, redoublait d'activité. N'était-ce pas pour elle qu'il travaillait...

La jeune fille refusa, malgré les instances de son père, un mariage brillant, une alliance avec une famille aristocratique et riche.

— Je ne me marierai point, dit-elle simplement.

Cependant la santé de la jeune fille semblait s'altérer, et M. Brindel comprit qu'il ne s'agissait pas d'un caprice d'enfant mais d'un sentiment sérieux et profond. Abandonnant ses projets ambitieux, pour ne songer qu'au bonheur de sa fille, il donna son consentement, et le mariage fut décidé.

Les jeunes fiancés faisaient tout un plan d'avenir.

Ils voyageaient dans un pays enchanté où les étés ne finissent pas, où le ciel est toujours bleu.

Mais les joies de ce monde sont éphémères, et à l'heure où se terminaient les préparatifs de ce mariage si ardemment désiré, Honoré reçut une dépêche de sa mère, qui le rappelait à Limoges où son père se mourait.

Il partit en hâte, et arriva pour recevoir le dernier soupir de ce père si bon, si juste, si loyal et si tendrement aimé.

Le bonheur qui remplissait son cœur fit place à une immense douleur.

Madame Arnoul fut atterrée. Cette mort avait été si soudaine que rien n'avait pu la faire prévoir. Elle brisait une de ces unions fortes et chrétiennes faites de dévouements et de sacrifices, où tout est partagé, douleurs, joies, espérances !...

Ce fut au moment où de douces lueurs de bonheur illuminaient le triste foyer des Arnoul qu'eut lieu la terrible séparation.

La pauvre femme l'accepta en croyante, sans murmurer, les yeux levés vers le ciel où se retrouvent ceux « qui ont aimé le Seigneur et mis en lui leur confiance ».

Quand les premières semaines de deuil furent écoulées, Madame Arnoul, oubliant son chagrin, voulut hâter le mariage de son fils.

— Je n'y assisterai pas, lui dit-elle, mes longs crêpes attristeraient ta chère fiancée et assombriraient votre bonheur, je prierai pour vous et j'attendrai ici celle que je serai heureuse de nommer ma fille.

Les instances d'Honoré échouèrent devant la volonté très arrêtée de sa mère, et il partit seul.

Le mariage eut lieu dans la plus stricte intimité.

Et quand le prêtre étendit ses mains vénérables pour appeler sur ces jeunes têtes inclinées devant lui, toutes les bénédictions du ciel, les anges dans le ciel ratifièrent cette union.

Après un court voyage, les jeunes époux revinrent à Limoges, où les attendait impatiemment Madame Arnoul. La grâce exquise de la jeune femme, son charmant caractère firent la plus heureuse impression sur toute la famille et sa belle-mère l'aima bientôt comme la plus tendre des filles.

Tout semblait assurer le bonheur de ce jeune et charmant ménage : les affaires de la librairie prospéraient, leur fortune s'accroissait, les journaux se disputaient les articles d'Honoré et ses ouvrages étaient très appréciés. Il s'attachait surtout à l'instruction de la jeunesse intelligente et laborieuse.

Mais les desseins de la Providence sont impénétrables et la fragilité du bonheur est grande. Arnoul devait en faire une douloureuse expérience.

De douces espérances étaient venues compléter le bonheur du jeune ménage. Mais bientôt, hélas ! la jeune femme devint sérieusement malade, et devinant le danger dans lequel elle se trouvait, elle questionna son médecin qui lui répondit évasivement :

— Dieu tient entre ses mains la vie et la mort.

Elle comprit que dans l'esprit du docteur l'arrêt fatal était prononcé.

Le voyant émotionné malgré lui, en face de cette charmante créature, heureuse, aimée, qui allait mourir, la jeune femme eut un adorable sourire.

— Je ne crains pas la mort, docteur ; mais j'ai quelques précautions à prendre. Cachez soigneusement la gravité de mon état à Honoré. Il en mourrait et je veux qu'il vive.

Alors l'angélique créature se prépara à bien mourir. Elle reçut le Pain des forts et, ce jour-là, elle écrivit ses dernières recommandations à celui qu'elle allait quitter...

— Je veux que tu vives, lui disait-elle en devinant que l'affreuse pensée du suicide viendrait l'assaillir. Je veux que tu sois fort, courageux, chrétien, pour que nous nous retrouvions « là où il n'y a pas de séparation, où le bonheur est éternel ».

« Si, par un acte coupable, tu allais en enfer, tu me gâterais mon paradis, ce paradis où je vais t'attendre. »

Les conseils se succédaient graves, sérieux, élevés, se rapportant au but suprême...

Et elle mettait toutes les tendresses de son cœur dans le céleste rendez-vous.

Elle confia cette lettre à un de ses cousins, ami dévoué d'Honoré.

— Vous remettrez cela à mon cher mari de suite après ma mort.

Et comme il balbutiait...

— Ne vous troublez pas, ne vous émotionnez pas. Voyez, je suis calme, j'ai connu le bonheur dans toute sa plénitude... J'ai savouré les joies les plus pures., Ne murmurons pas.

Une seconde enveloppe était jointe à la lettre.

— Ceci est mon testament, dit la jeune femme, vous l'ouvrirez plus tard.

Toutes les craintes du docteur étaient, hélas ! fondées. Une crise affreuse eut lieu et, à dix-huit ans, en plein bonheur, en pleine jeunesse, Dieu rappela à lui cette fleur à peine épanouie.

Le désespoir d'Honoré fut intraduisible.

Sa mère crut qu'il devenait fou, et voyant sa tendresse impuissante à consoler l'affreuse douleur de son fils, elle suppliait le Ciel de lui venir en aide.

Un projet sinistre traversa l'esprit d'Honoré.

Ne pouvant survivre à la femme qu'il avait si tendrement aimée, il ira la rejoindre dans ce tombeau où elle était maintenant couchée...

Mais l'ange envolé veillait encore...

En rentrant dans sa chambre, Honoré trouve sur son bureau la lettre que son ami y avait déposée.

Il y jette les yeux et pousse un cri.

Au travers de ses larmes et de ses sanglots, il lit les conseils élevés, les adieux envoyés d'outre-tombe, à genoux devant le portrait de cette femme si tendrement aimée et qui lui envoyait de ce paradis où Dieu l'avait appelée, les radieuses espérances de la foi, il lui jura qu'il vivrait pour être digne d'elle, pour la retrouver un jour...

Sur ces lèvres désolées, le *Fiat* du chrétien apaisa le murmure de l'homme. Il eut une explosion de larmes. Il était sauvé.

Honoré se remit au travail avec une ardeur extraordinaire. Il déchira le testament par lequel sa femme lui assurait une fortune dont il ne voulait plus profiter. Sa résolution était prise : désormais il se servirait de son intelligence et de son énergie pour arriver à une situation qui lui permettrait de faire le plus de bien possible à l'humanité.

«—Chacun se doit à tous, disait-il. Rester indifférent au bien par négligence ou par égoïsme, c'est méconnaître les droits et les devoirs de l'humanité, c'est manquer à la loi de Dieu. »

Et il allait, secourant les uns, instruisant les autres, se donnant tout à tous, lorsqu'il rencontra sur sa route un homme dont l'énergie, la parole brillante et facile le captivèrent.

C'était Emile de Girardin.

Celui-ci, à son tour, fut frappé de la fermeté de caractère, de l'intelligence d'Honoré Arnoul.

«— Voulez-vous vous attacher à ma fortune, lui dit-il; venez à Paris avec moi ; vous partagerez mes périls et mes victoires.

Et Arnoul qui aspirait à un théâtre plus vaste et que le génie du jeune écrivain fascinait, répondit simplement :

— J'accepte.

Alors Emile de Girardin développa ses plans avec une telle netteté, une habileté si grande, un esprit si brillant qu'Honoré fut enthousiasmé.

— Je vous suivrai partout, s'écria-t-il ; désormais je vous appartiens, vous pouvez compter sur moi.

Le mirage si brillant de la fortune et de la gloire qu'Emile de Girardin faisait merveilleusement miroiter, éblouit l'imagination d'Honoré, dont le cœur était resté brisé par sa grande douleur.

Il envisagea sans effroi la pensée de quitter les lieux où il avait tant souffert et parla de son projet à sa mère.

Celle-ci, loin de l'en détourner, l'encouragea à le faire, voyant dans ce départ la seule distraction possible à l'amer chagrin qui rongeait l'âme désolée de son fils.

« — Vous viendrez avec moi, lui dit-il.

« — Plus tard, mon fils, quand ta fortune sera faite ; aujourd'hui, je te gênerais ; je serais pour toi une entrave, et, si douce qu'elle soit, tu en souffrirais.

Et puis, je te garde une place. Qui sait s'il n'y aura pas dans ta vie des orages, des naufrages qui te ramèront au port.

Va, mon enfant, et que Dieu te bénisse !

Honoré fut s'agenouiller près de la tombe qu'il allait quitter avec un cruel déchirement.

« — Nous nous reverrons un jour, s'écria-t-il dans un *Sursum corda* chrétien.

Je serai digne de toi !... »

Dans son cœur prit naissance la résolution de venir en aide à l'humanité, de consacrer cette fortune qu'il allait acquérir pour faire du bien aux pauvres, aux faibles, aux déshérités, aux souffrants, et nous verrons dans la seconde partie de cet ouvrage avec quel merveilleux dévouement il a rempli sa promesse.

Nous vérrons son ardeur au travail, la multiplicité de ses œuvres et la fidélité qu'il eut toujours pour sa chère et belle devise :

« Aimons-nous, aidons-nous. »

FIN DE LA PREMIÈRE PARTIE

SECONDE PARTIE

VIE LITTÉRAIRE ET PHILOSOPHIQUE

SECONDE PARTIE

VIE LITTÉRAIRE ET PHILOSOPHIQUE

CHAPITRE Ier

PARIS

Emile de Girardin avait le génie de l'intrigue et l'amour passionné de la gloire et des succès, rien ne lui coutait pour arriver à son but ; l'intelligence d'Honoré Arnoul, la supériorité de son esprit, la fermeté de son caractère devaient servir merveilleusement ses projets : Il lui prodigua les marques d'une véritable affection et l'entraîna dans le tourbillon de la vie parisienne.

« Je ne savais plus si je vivais à force de vivre, écrira Honoré, subitement transporté du calme de sa province au mouvement fiévreux et agité de Paris.

Ebloui par les magnificences de cette existence si

nouvelle pour lui, il refusa cependant de s'associer aux plaisirs bruyants ou voulait l'entraîner ses nouveaux amis.

On prit cette résistance pour de la sauvagerie, et cette origininalité ajouta à la célébrité de son nom que déjà les journaux répétaient.

Sous l'inspiration d'Emile de Girardin, les publications se succédaient, et les articles d'Arnoul dans le *Moniteur*, le *Globe*, le *Journal de Paris*, furent très appréciés.

Alors il fonda le *Mercure*, le *Bon Génie*, l'*Echo du Peuple*, la *Famille*, la *Revue Encyclopédique*, le *Trait d'Union* : l'ambition toujours croissante d'Emile de Girardin n'était jamais satisfaite. Le succès ne lui suffisait pas.

« —La gloire n'est rien disait-il, c'est un mot creux ; il ne sonne pas l'argent.»

La fortune cependant lui ouvrit ses portes ; un mandat de député l'envoie à la chambre, et il a le bonheur d'épouser Delphine Gay que son esprit, sa naissance, sa beauté avaient fait surnommer la dixième muse. Leur hôtel des Champs-Elysées devint le rendez-vous des célébrités littéraires, politiques et financières.

Emile de Girardin s'occupa alors activement des caïsses d'épargne et de la création de l'Institut agricole de Cœtha, destiné à recevoir cent élèves pauvres.

La collaboration d'Honoré lui fut d'un secours précieux, il se trouvait là sur le terrain qui lui était cher et familier, et ce fut dans cette colonie qu'il fit les premiers essais des œuvres admirables auxquelles il consacra sa belle et noble existence.

Mais l'heure n'était pas encore venue ou Arnoul renoncerait à la route brillante que lui traçait son talent pour les âpres sentiers du sacrifice et de la charité.

En attendant il collabore au *Musée des Familles*, au *Journal des connaissances utiles*, au *Voleur*, etc., et grâce à son infatigable activité, il trouve encore le temps d'écrire des brochures et de s'occuper du sort des ouvriers qu'il cherche toujours à améliorer.

Cette phase nouvelle du journalisme, inaugurée par Girardin lui créa des ennemis et des articles malveillants et injurieux paraissaient dans les journaux.

« Je les détruirai tous, disait l'auteur d'Emile, et comme il avait le courage de toutes ses opinions, il écrivait :

« Je suis né envieux : Il n'y a dans le monde moral que deux classes distinctes, les ingrats et les envieux.

« Eh bien ! je suis envieux... Les richesses me tentent, les honneurs encore plus. J'envie la santé du colporteur, les parchemins de l'émigré, j'envie tout. »

Arnoul ne partageait pas les idées de son chef, il ne convoitait la richesse que pour le bien qu'elle peut faire, et il entrevoyait déjà la réalisation de ses rêves de bonheur pour le soulagement de ceux qui souffrent.

Un grand projet s'élaborait alors dans l'esprit inventif de Girardin. Il s'agissait d'abattre d'un seul coup tous les journaux, de les ruiner et de les remplacer par une feuille unique : La *Presse* qui aurait pour collaborateur des hommes de talent comme Alexandre Dumas, Eugène Sue, etc., un journal dont le format serait beaucoup plus grand que celui qui était en usage et qui coûterait beaucoup moins, ce qui lui assurait un énorme succès.

Chez Girardin l'exécution suivait de près le projet, bientôt un numéro spécimen, annonça le nouveau journal dont Honoré Arnoul était nommé rédacteur en chef. Ce fut un véritable événement; mais il y eut dans toute la presse un tolle général contre ces hardis novateurs du journalisme à bon marché.

« Girardin a voulu la richesse écrivait Arnoul. Eh bien ! les écus dansent dans la caisse. » Cette danse des écus excita la jalousie et bientôt les articles les plus acerbes, parurent dans les journaux, ce fut une guerre de flèches empoisonnées, dont Armand Carrel dans un duel resté célèbre, fut victime ; les tâches de sang qui restèrent sur les mains de Girardin, ne l'empêchèrent pas d'arriver aux honneurs et à la gloire. Un mandat de député l'appela à la chambre, et les électeurs de la Creuse le nommèrent leur représentant.

Son journal devint le roi de la publicité, et lui créa une grande notoriété.

Guizot lui offrit un million de son journal, il refusa.

Le journal est une puissance, il s'en sert, espérant avec sa plume conquérir à son tour un ministère, qui était devenu l'objet de son insatiable ambition.

Pendant que le directeur de la *Presse*, fier de ses succès cherchait à s'en faire un piédestal pour arriver aux honneurs du pouvoir, Arnoul dans le travail du cabinet, dans le labeur incessant du métier, se servait de la popularité acquise, de l'influence de sa plume et du journal pour rendre de nombreux services.

Un jour il lui arriva de recevoir la visite d'un ecclésiastique, dont les cheveux blancs et l'aspect vénérable attirèrent de suite sa sympathie.

Il crut à une demande d'argent, et voulut en épargner la demande à l'homme qui était devant lui, mais celui-ci ne lui en laissa pas le temps, et relevant la tête :

— Vous êtes, Monsieur le propriétaire du Journal.

Honoré était autorisé dans la circonstance à répondre affirmativement, c'était lui qui recevait toutes les demandes de secours, Girardin occupé d'une foule d'affaires industrielles et financières, laissait à Honoré le soin de répondre aux nombreux solliciteurs qui affluaient dans les bureaux de la *Presse* ; mais ce n'était pas un solliciteur ordinaire que ce prêtre à l'aspect doux et timide ; car relevant la tête à une question d'Honoré, il reprit :

« — Vous vous méprenez, Monsieur, sur l'objet de ma visite ; car au lieu de demander de l'argent, je vous en donnerai s'il est nécessaire.

« Voici ce dont il s'agit : Je suis un pauvre curé de campagne bien ignorant, excusez-moi ; je suis bien vieux et cependant j'ai un père et c'est pour lui que je viens ; car mon père l'honneur même, il nous a élevé dans l'amour du bien et la crainte de Dieu.

« Or Monsieur, j'ai un frère dans la marine ; il a été accusé de faux et condamné aux galères, ce frère est innocent, j'en fais le serment, son intelligence est bornée, on a abusé de lui ; j'ai été à Toulon, j'ai vu mon pauvre frère, j'ai acquis la certitude de son innocence, mais je n'ai pu la faire partager à ses juges.

« Cette condamnation injuste est pour notre famille le deshonneur, elle sera la mort de mon père.

« J'ai prié le bon Dieu de m'inspirer et je suis parti pour Paris ; car l'avocat de mon frère m'avait dit : Une chance seule vous reste, voici venir la fête du roi, il y aura des grâces, des commutations de peine, trouvez quelqu'un de bon, de charitable, d'influent.

« Ce matin en arrivant, un journal m'est tombé sous la main, c'était le vôtre, j'y ai lu un article plein de tant de bontés, de charité pour ceux qui pleurent, que j'ai essuyé mes larmes et suis venu vous dire : Sauvez l'honneur de mon frère… Sauvez la vie de mon père. »

Ces simples paroles, cette naïveté de langage émurent profondément Honoré. Il assura le saint prêtre de son dévouement, dit quelques mots à son directeur de cette affaire, afin d'avoir l'autorisation de la diriger à son gré, ce qui fut facilement obtenu et pendant huit jours Arnoul s'occupa de la grâce.

Il y mit tout son zèle et son infatigable dévouement, au bout de huit jours la grâce était signée.

La joie d'Honoré fut profonde, il courut apporter le précieux papier chez le vénérable ecclésiastique, écrivit un mot d'adieu, voulant se dérober à l'effusion de reconnaissance, il ajoutait :

« — Je quitte Paris ce soir et vous ne me trouveriez pas.

Cette délicatesse dans le bien, ajouta à la reconnaissance du prêtre.

« Comment pourrai-je m'acquitter, lui écrivit-il ; disposez de moi, car mon existence vous appartient. »

Arnoul attendit pour lui répondre qu'il fut rentré dans son modeste presbytère limousin, et lui écrivit :

« — Vous direz tous les ans trois messes, une le jour de ma naissance, la seconde le jour de la mort de mon père, et la troisième le jour anniversaire de la mort de ma femme bien aimée.

On devine avec quelle ferveur le saint Prêtre acquitta cette dette de reconnaissance ; puis ses prières s'élevèrent pour ce bienfaiteur qui lui était si cher, une amitié profonde s'établit entre eux.

La sainte gravité du vieillard calma l'exaltation d'Arnoul, le sentiment religieux s'ancra dans son

âme, et sous la direction pleine de douceur et d'élévation du pilote, devenu son meilleur ami, les brillantes
facultés dont était doué Arnoul furent consacrées au
service des pauvres, aux relèvements des faibles, aux
consolations des malheureux, et firent de lui, « le
petit manteau bleu des temps modernes. »

CHAPITRE II

TRAVAUX LITTÉRAIRES

Honoré Arnoul avait suivi aveuglément le directeur
de la *Presse*, brisé par une immense douleur, il avait
été heureux de quitter sa ville natale, et s'était laissé
entraîner dans une existence nouvelle dont il avait été
momentanément ébloui.

Il avait trouvé dans le tourbillon parisien non l'oubli qu'il ne connut jamais pour la femme adorée à jamais perdue, mais l'étourdissement.

Il avait été grisé par le succès et la fortune; aujour-
d'hui désabusé d'illusions, revenu à des idées plus
justes, à des sentiments plus élevés. Son âme loyale
se révolte contre cette fièvre de l'or qui fait tout accepter à son chef.

Honoré eut à sa vie un but plus noble, et il rêve

de quitter cette existence fiévreuse et de consacrer sa plume à des ouvrages utiles à la jeunesse, sa vie à des œuvres utiles à l'humanité. Il y réfléchissait, et écrivait le soir quand, rentré dans sa chambre, il retrouvait quelques heures de liberté ; mais accablé de travail, tourmenté par mille difficultés que lui causaient de nombreux dissentiments avec Emile de Girardin, froissé dans les délicatesses de son cœur et de son amitié, Honoré tomba dangereusement malade.

Sa mère, prévenue en toute hâte, vint le soigner et passa de longues nuits au chevet de ce cher malade, qu'elle disputa à la souffrance et à la mort.

La force de sa constitution, les prières et les bons soins de sa mère triomphèrent du mal, et Honoré entra bientôt en convalescence.

Il voulut se remettre au travail, préoccupé de l'ouvrage qu'il voulait faire pour l'éducation de la jeunesse ; mais ses forces trahirent sa volonté. Un soir, après sept heures de travail, la fièvre le reprit. Il resta plusieurs heures sans connaissance.

La rechute fut longue.

Honoré perdit pendant cette maladie la position qu'il avait à la *Presse*, ses ressources s'épuisaient. Il n'était pas l'homme de l'épargne, sa main toujours

largement tendue, et sa bourse toujours ouverte n'a-
vait pas enrichi le journaliste.

— Imprévoyance, disaient ses amis.

— Désintéressement, disait sa conscience, qui lui
répétait : « Chacun se doit à tous. »

Quand sa santé fut un peu remise, sa mère le press a
de retourner à Limoges.

— Tu gagneras moins, mon cher enfant, mais tu
ne souffriras pas. Viens, ce sera le repos près des chères tombes aimées.

C'était là pour son cœur l'argument suprême.

Mais l'amour-propre se révolta à la pensée de la situation modeste qu'il aurait dans son pays, après la
brillante position qu'il avait occupée à Paris, et il
répondit résolument à sa mère qu'il resterait, « dût-il
mourir à la peine ».

— Ce ne sera pas long dit la pauvre femme en fondant en larmes.

Il la consola de son mieux, la serra sur son cœur et
le soir même il commença à écrire son livre, *le Bon
Génie*, pour l'éducation de la jeunesse.

Il travaillait dix-sept heures par jour, sans un moment de repos, sans savoir si son livre serait édité et
vendu.

Il ne redoutait pour lui ni la souffrance, ni la misère ; mais il voulait assurer à sa mère, qui avait tout sacrifié pour lui, la paix et l'aisance de ses vieux jours .

La Providence bénit son dévouement, cet amour filial si tendre et si profond. Le livre d'Honoré fut un succès, et de nombreuses éditions se succédèrent.

Encouragé par cet heureux début, il écrivit pour les enfants « *M. Marcel ou l'ami de la jeunesse* ».

Cet ouvrage fut approuvé par la société de la morale chrétienne, par Son Excellence le cardinal Pacca et par Sa Sainteté Grégoire XVI.

40 éditions furent successivement enlevées.

Puis les ouvrages se succédèrent sans interruption, et Arnoul publia successivement :

Un dictionnaire français et des locutions vicieuses.
Un dictionnaire portatif.
Deux volumes de bibliothèque de la conversation.
Des lettres sur l'économie politique.
Des lettres sur le voyage de Grégoire XVI à Lorette.
La vérité sur l'empereur Nicolas et les républicains français.

Le moyen d'être heureux.
Une brochure sur le voyage à Londres de l'empereur de Russie.

Conseils aux prolétaires.

Le petit vieux, etc., etc.

Puis ce sont des livres d'histoire qui dénotent une grande érudition, des recherches savantes, des connaissances variées, et il publie des abrégés d'Histoire de France, de Belgique, de Prusse, d'Espagne, de Pologne, de Russie, d'Angleterre, des Pays-Bas.

A son entrée dans la vie, Arnoul avait écrit de charmantes poésies et *les Brins d'herbe* avaient révélé les tendresses exquises de son cœur, mais sa lyre s'était brisée lorsque celle qui l'inspirait lui avait été ravie.

Ce sont des travaux sérieux qui l'absorbent.

Ce sont des œuvres qu'il veut fonder pour le bonheur de ceux qui souffrent.

Il s'occupe surtout de la jeunesse ; il se souvient des difficultés et des amères tristesses qu'il a rencontrées à son entrée dans la vie.

Il veut en épargner l'amertume aux jeunes gens qui désirent arriver par le travail et l'étude, et il fonde l'*Académie royale de la Jeunesse*, destinée à exciter l'émulation des jeunes gens et des jeunes personnes, à les encourager dans la voie de la religion, des sciences et des arts, et contribuer de tout son pouvoir à l'amélioration de l'éducation en France.

6

La reine Marie-Amélie, voyant tout le bien que pourrait faire cette œuvre, en accepta le patronage, et M. le duc de Montpensier fut nommé président d'honneur.

La société de l'*Académie de la Jeunesse* est décidément établie, la religion en est la base, car, dit Arnoul, « pour qu'une nation soit grande et forte, qu'un gouvernement soit respectable et respecté, juste et prévoyant, il faut d'abord s'attacher à rendre le peuple moral et religieux ; un état qui n'a pas la religion pour base est bien fragile.

» Occupez-vous davantage de la jeunesse et songez que les enfants deviennent des hommes. Les principes dont ils ont été imbus en feront de bons ou de mauvais citoyens, des consciencieux bons ou des hommes méchants et sans valeur. »

La séance d'ouverture de la nouvelle société eut lieu le 5 mars 1842, un discours très applaudi fut prononcé par M. le marquis de Larochefoucault-Liancourt, président titulaire de la société.

« Ce titre d'académie, dit-il, peut paraître bien ambitieux ou bien modeste.

« Bien modeste, car elle est l'abandon de toutes les gloires, de toutes les carrières, pour se livrer au soin paisible et sans éclat de parler de morale et de religion à de jeunes enfants, et cependant on s'élève au rang d'académie, le plus noble entre tous. »

L'histoire, les sciences, la littérature et les arts ont la leur ; ou en a créé une pour la morale et la politique. Mais la religion et l'éducation n'en ont pas, et l'*Académie de la Jeunesse*, non contente d'enseigner les lettres, fera pénétrer dans les cœurs les préceptes religieux et moraux qu'elle doit suivre...

Jusqu'en 1848, Honoré Arnoul distribua à ses frais des récompenses aux élèves qui les avaient obtenues dans les concours établis par lui dans les écoles primaires.

Le désintéressement d'Arnoul, sa modestie, son dévouement aux intérêts populaires, attirèrent sur lui l'attention du gouvernement, qui lui proposa diverses places.

Il les refusa et ne voulut jamais accepter que des fonctions gratuites, celle de conservateur de la bibliothèque de son arrondissement, celle de membre de la commission de statistique, qu'il a remplies avec un zèle et une distinction qui lui valurent les éloges du ministre de l'Intérieur, qui les lui avait confiées.

Mais les preuves d'intelligence qu'il avait faites,

très jeune encore, dans la carrière administrative, le désignaient aux emplois publics. Déjà, en 1840, le maréchal Soult, président du Conseil, lui avait offert une sous-préfecture. Quelque années plus tard, on lui proposa une préfecture, il refusa.

La révolution de 1848 le trouva sur la brèche.

Il partagea les idées de Lamartine, qui était son ami.

Tout ce que les principes libéraux avaient de juste et d'élevé séduisirent sa nature franche et dévouée. Il ne vit pas le danger qui se glissait sous les brillantes théories du chantre d'Elvire et il se rallia franchement aux idées nouvelles, mais il refusa encore les préfectures offertes, voulant être libre de toute entrave, afin d'appartenir aux pauvres, aux faibles et surtout à l'enfance délaissée et malheureuse.

Le choléra faisait à Paris de grands ravages.

Il y avait une œuvre à faire. Il alla en exposer les plans à Mgr l'archevêque de Paris, qui l'écouta avec attention, car elle répondait à un des désirs de son cœur.

Monseigneur approuva et bénit ce projet éminemment philanthropique et charitable, et la Société des orphelins du choléra fut fondée.

Honoré Arnoul fut le président de cette œuvre nouvelle, à laquelle M. Marbeau, le fondateur des crêches et le protecteur de toutes les œuvres charitables et bonnes, prêta son concours intelligent et dévoué. Le 18 septembre 1849, la société était constituée.

« Elle a pour mission, disent les statuts, de pourvoir aux placements des orphelins du choléra, dans les colonies agricoles établies en France, où ils seront chauffés, nourris, entretenus, en même temps qu'ils y recevront une bonne éducation primaire et religieuse. »

L'œuvre réussit à merveille, le ministre en fut informé, et ne pouvant confier à des mains plus dignes que celles d'Arnoul le sort des enfants dans les manufactures, il le nomma inspecteur du travail des enfants dans les ateliers.

Ce fut dans l'accomplissement de ces dernières fonctions que se révélèrent les merveilleuses tendances de l'esprit et du cœur d'Arnoul, et cet amour de l'humanité dont les dernières années de sa vie devaient donner un éclatant témoignage.

CHAPITRE III

L'intelligence et le caractère d'Arnoul, les hautes capacités dont il a donné tant de preuves dans les débuts de sa carrière administrative le firent rechercher pour d'importantes fonctions.

En 1849 sept collèges électoraux lui offrirent le mandat de député, il refusa. Sans ambition personnelle il veut poursuivre le but qu'il s'est proposé : se dévouer aux intérêts populaires. Ce sont ces intérêts populaires qui le décida à mettre sa plume au service de l'élection du prince Louis-Napoléon, car les principes représentés par l'élu du 10 décembre, répondaient aux idées larges d'Arnoul.

« Napoléon, écrit-il, est sorti du cœur du peuple comme un éclair de gloire, ce sont les classes pauvres qui ont fait cette résurrection nationale. »

Il avait accepté d'être le secrétaire du comité central bonapartiste. Mais lorsque, après le 10 décembre, le prince président, qui n'oubliait jamais les services rendus, insista pour lui faire accepter une brillante position, il refusa.

Les électeurs de la sixième compagnie de la garde nationale eurent plus de succès quand ils lui offrirent la candidature de capitaine.

Il avait accepté cette offre spontanée et fait une profession de foi, dont nous extrayons les principaux passages, qui mettent en lumière les principes politiques et religieux d'Honoré Arnoul :

« —Vous avez voulu, dit-il aux électeurs, savoir qui je suis, ce que je veux, quels sont mes principes religieux et quels engagements je prends vis-à-vis de vous.

« A chaque question voici ma réponse franche et catégorique :

« Je suis du peuple, fils d'un digne soldat de la république et de l'empire.

« Je suis aussi le fils de son âme, je ne dois ma modeste mais honorable position qu'à mon labeur, ma plume est mon outil, l'honneur mon capital.

« Je n'appartiens a aucune coterie.

« Je suis ennemi de l'intrigue et du désordre.

« Je veux la république franchement, sincérement, sans arrière pensée. La république pure de tout excès, peut sauver la France de l'anarchie et de la guerre civile.

« Je veux cette belle France grande et prospère au-dedans, formidable et respectée au dehors.

« Je veux le respect de la propriété, l'obéissance aux lois.

« Je veux sécurité, avantage, bien être pour tous.

« Je veux l'union et l'oubli du passé.

« Je veux l'égalité devant la justice des hommes comme devant celle de Dieu.

« Aimer la patrie, c'est travailler toujours, utilement, personnellement, c'est consacrer sa vie au bien public. »

Fidèle aux principes exprimés dans cette profession de foi, il fonde dans les ateliers du Marais, des écoles ou pendant vingt-trois ans, les apprentis ont pu recevoir sans déplacement une bonne instruction primaire, récompensant, encourageant, distribuant à ses frais des récompenses. Son activité est infatigable, et les œuvres naissent et sortent de son cerveau avec une étonnante vitalité.

En 1853, il organise la *Société de patronage des apprentis et des orphelins du 8ᵉ arrondissement*, qu'il place sous la présidence d'un membre de l'institut, M. de Monmerque. Le prince de Rohan en est un des présidents d'honneur, Honoré Arnoul le vice-président.

Le but de la société dont Arnoul avait élaboré les statuts avec l'ancien ministre M. Dumas, et le savant chimiste Eareswell, était de pourvoir au placement des jeunes orphelins et jeunes apprentis pauvres, de diriger les uns dans des colonies agricoles établies en France où ils seront nourris et entretenus, en même temps qu'ils y recevront une bonne éducation primaire et religieuse, et de veiller au placement des autres dans les ateliers et manufactures, quand les parents ne peuvent les occuper comme il convient.

La Société pourvoit à l'entretien des enfants malheureux, elle les surveille attentivement, les protège pendant la durée de leur apprentissage, délégue des membres chargés de visiter les établissements industriels qui emploient des enfants, elle se fait rendre compte pas ses délégués au moins tous les trois mois, par notes détaillés, de la santé, du travail, de la conduite et du mérite de tous ses pupilles.

Elle seconde de tous ses efforts, les intentions bienveillantes de l'autorité.

La Société se met en rapport avec les fonctionnaires chargés de la surveillance immédiate, pour leur faire connaître les abus a réformer, les améliorations à introduire : Elle facilite autant qu'il est en son pouvoir, aux apprentis devenus ouvriers, les moyens d'obtenir du travail quand ils en manquent, en leur fournissant toutes les recommandations possibles près des chefs de maisons, elle ne pose pour condition de son appui qu'une conduite régulière et digne.

La Société veille avec un soin particulier à ce que les enfants soient traités paternellement par les maîtres, à l'accomplissement des devoirs religieux, et à l'observance des bonnes mœurs.

Elle institue des récompenses pour les orphelins et apprentis les plus studieux, et dont la conduite est la plus exemplaire : La loi dans une main, les récompenses dans l'autre, elle convie avec amour tous ses jeunes protégés au bien-être et à la moralisation. »

Cette fondation eut un véritable succès et réussit au-delà de toute espérance. L'active participation d'Honoré Arnoul et son dévouement à cette œuvre admirable, lui valurent les plus chaleureux éloges, et à la première distribution des récompenses on lui fit une véritable ovation.

Le maire du huitième arrondissement, qui était alors M. Perret, avait mis à la disposition de M. Arnoul, la plus grande de ses salles, que l'on avait merveilleusement décorée pour la circonstance.

Il y avait foule à cette fête de famille, à laquelle assistaient des fonctionnaires publics, des femmes du monde, des journalistes, des pères et mères des enfants, etc.

M. Achille Jubinal, député, présidait cette séance véritablement intéressante, car c'était la première fois que de jeunes travailleurs, sous la conduite de leurs maîtres, venaient écouter dans un religieux silence, la voix de l'ami qui les conduisait au bonheur, en leur enseignant la ligne du devoir et qui voulait aujourd'hui les récompenser publiquement de leur bonne conduite et de leurs progrès.

Honoré Arnoul prononça une chaleureuse allocution souvent interrompue par des applaudissements.

Nous extrayons de son discours quelques-uns des principaux passages qui témoignent si bien de la bonté de son cœur, de l'élévation de son esprit et de son inébranlable confiance en la Providence.

«Pour créer une société dites vous: Où sont vos ressources? Hélas ! mon aveu n'a rien d'humiliant, mais je suis forcé de convenir que nos coffres sont vides, et de plus nous avons des dettes, des dettes avant d'exister.

Deux pauvres petits étaient la sous nos yeux , sans parents, sans amis; les pauvres ont rarement des amis; leur père était mort l'année dernière, la mère brisée par la souffrance et la misère l'avait suivi de près ; et ils pleuraient seuls, sans abri, sans vêtements, et je me suis dit : Sauvons-les de la mort peut-être, et aussi de la prison, car la mendicité est interdite, et on punit les petits vagabonds. Dieu aidant, essayons d'en faire des hommes, sauvons-les de la misère qui étreint, du vice peut-être qui les convoite.

« Nous avons au fond de la caisse deux vertus sublimes, étoiles des malheureux, la Foi et l'Espéran ce, et leur sœur qui complète l'admirable trilogie chré - tienne, la Charité.

« Quand saint Vincent de Paul, l'ancien curé de Clichy-la-Garenne n'eut plus une obole pour secourir les pauvres petites créatures qu'il ramassait dans la boue et la neige, il ne s'inquiéta pas, lui! car il avait foi en la Providence et connaissait les ressources de l'inépuisable charité.

Il monta en chaire et, s'adressant spécialement aux dames, il leur dit ces simples et éloquentes paroles :

«— Mesdames, ces petits malheureux manquent de tout, si vous ne venez à leur secours, je vous le déclare, demain, ils seront tous morts de froid et de faim. »

« Et alors, par un mouvement électrique, on vit, au milieu d'une indescriptible émotion, ces pieuses femmes se dépouiller de leurs parures et de leurs bijoux, les apporter aux pieds de l'homme de Dieu et le soir l'existence de ces pauvres créatures était assurée.

« Nous sommes loin de ce temps, mais la charité est aussi instructive, aussi vivace au cœur du peuple.

Des applaudissements prolongés interrrompent le discours, et le souvenir évoqué de cette scène palpitante faillit la renouveler...

L'exquise sensibilité d'Arnoul trouvait un écho dans les cœurs. Les femmes pleuraient et de braves ouvriers passaient furtivement leur main calleuse sur leurs yeux mouillés. C'est qu'il y a dans le peuple de grands cœurs, sympathiques aux souffrances et à l'infortune.

En frappant on en fait jaillir la divine étincelle de la charité.

Après les émouvantes paroles d'Honoré Arnoul, M. d'Olincourt fait un remarquable discours, où il démontre les précieux avantages de la nouvelle Société, rendant publiquement justice à celui qui en avait été le fondateur et disant le bien qu'un seul homme peut faire quand il est animé de l'amour de Dieu et de ses semblables.

— Vous allez faire des heureux aujourd'hui, dit-il, parmi la classe estimable des travailleurs et des ouvriers, et ils vous béniront en voyant partager leur vive sollicitude pour leurs enfants dont vous serez la seconde Providence. »

Enfin, M. Achille Jubinal, dans une allocution brillante remercia M. Arnoul de ses efforts constants, dévoués, persévérants en faveur de la sainte cause de l'enfance et de la jeunesse.

« — Il y a vingt ans, dit l'éloquent député de Bagnères, que sur ce grand champ de bataille qui s'appelle Paris, où il y a place pour tous les esprits généreux, pour toutes les luttes de la pensée, de l'intelligence et du bien, je vois M. Honoré Arnoul occupé sans interruption de toutes les institutions chrétiennes, les fondations moralisatrices. Ni les malheurs des temps, ni les siens propres, ni les révolutions, rien n'a pu l'arrêter dans sa voie et, à cette heure, comme jadis, il s'est toujours montré plein de foi dans son œuvre, plein de ce zèle auquel rien ne résiste et qui surmonte tous les obstacles.

C'est surtout la jeunesse qui a attiré toutes ses sympathies, et, grâce à lui des écoles se sont ouvertes dans les ateliers.

« Des cours de morale, de religion, de mathématiques ont eu lieu, des bibliothèques se sont fondées en grande partie à ses frais et aujourd'hui pour encourager les jeunes travailleurs des récompenses vont être décernées, des livrets de caisse d'épargne, des médailles vont leur être distribuées et M. Arnoul a voulu en faire tous les frais, refusant pour cela le concours des personnes charitables qui voulaient l'aider dan s ce nouveau sacrifice et réclamant l'honneur de récom - penser de ses deniers « ses enfants », comme il appelait les jeunes ouvriers confiés à sa garde.

« Nous imiterons le grand exemple donné par notre ami en faisant partout de la propagande en faveur de ces grandes idées.

« Secourons l'enfance, soutenons la jeunesse, encourageons l'âge mûr, c'est une sainte croisade que celle du bien et de la civilisation.

Des bravos couvrirent les paroles de M. Jubinal et montrant que les généreux sentiments, les philantropiques idées étaient très vivaces dans les cœurs et que la reconnaissance était grande pour l'homme de bien dont le dévouement et la charité étaient inépuisables.

La séance se termina par la distribution des récompenses ; dans la pensée d'Arnoul, l'émulation est un grand levier qu'il faut cultiver et étendre. La contagion du bien est aussi grande que celle du mal. L'exemple est une semence dont les bonnes actions et les sublimes dévouements sont les fruits.

Fondée sur de telles bases, la société devint prospère, et Arnoul, dont la charité était toujours en éveil et qui s'ingéniait par mille moyens à donner à à l'humanité la foi qui l'éclaire et la charité qui la réchauffe, allait trouver une œuvre nouvelle qui sera le couronnement de sa vie et mettra à son front une dernière auréole dans la fondation de la Société d'Encouragement au bien.

CHAPITRE IV

FONDATION DE LA SOCIÉTÉ D'ENCOURAGEMENT AU BIEN

La Société d'encouragement au bien avait eu un précédent. Un jour, un homme riche, généreux, charitable, comme il s'en rencontre encore sur notre terre de France, le baron de Montyon, conçut la pensée que la vertu pouvait être récompensée comme la science et les arts, et consacra une partie de sa magnifique fortune à l'institution de prix de vertus qui sont distribués chaque année à l'Académie sous le nom de prix Montyon.

C'était une idée merveilleuse que celle de récompenser la vertu sous toutes ses formes, qu'elle s'appelle piété filiale, amour de la patrie, dévouement aux faibles car à force d'exalter la vertu, elle grandit et se multiplie, comme les grains lancés dans les sillons germent et se changent en épis.

C'était aussi la pensée d'Arnoul.

Il s'en entretenait avec son ami le commandant Raffin, un brave qui, après avoir vaillamment servi sa patrie, avait eu lui aussi l'idée généreuse de servir l'humanité en fondant à Boulogne-sur-Mer une société pour récompenser les ouvriers laborieux et les femmes qui se distingueraient par la tenue et la propreté de leur ménage et de leurs enfants.

Cette œuvre qui pouvait être appelée à porter d'excellents fruits, fut trouvée par Arnoul trop restreinte. Il en élargit le cadre, de concert avec son ami moins familiarisé que lui avec les questions philanthropiques et humanitaires, et ils résolurent ensemble de fonder une société destinée à opposer à l'effrayant spectacle du vice qui s'étale cyniquement, le fortifiant exemple de la vertu triomphante et récompensée. Il n'appartient, disait Arnoul, qu'à Celui qui la suscite dans les âmes d'avoir le droit de la récompenser dignement, mais nous avons le devoir de la découvrir où elle se cache, car la vertu est toujours simple, sublime ou naïve, elle est inconsciente de son mérite. Elle se réfugie tour à tour dans les palais des grands et la chaumière du pauvre. Il faut l'exalter pour qu'elle soit un exemple et un enseignement.

C'était compléter en quelque sorte l'œuvre admirable de M. de Montyon en étendant à un plus grand nombre de personnes les récompenses et les bienfaits.

« Il y a dans le monde, disait Arnoul, à côté de la misère qui s'étale et que l'aumône soulage, une misère morale à guérir, des défaillances qu'il faut relever, des courages qu'il faut guérir, et le meilleur moyen de réagir contre cet envahissement de la misère et du découragement morbide est de proclamer la vertu, de faire connaître les dévouements, d'accrocher le signe de l'honneur sur la poitrine des braves. »

L'exécution d'un tel projet n'était pas facile à réaliser, vu la modicité des ressources dont pouvait disposer Arnoul ; mais il ne se laissa pas décourager par les obstacles matériels qui s'opposaient à la réalisation de son œuvre.

Il commença par lui donner tout ce qu'il avait. C'était peu, car sa bourse était toujours ouverte à ceux qui en avaient besoin.

Son détachement des biens de ce monde était grand, et nous extrayons d'une de ses brochures quelques lignes qui nous montrent la pensée d'Arnoul sur les richesses.

« L'amour de l'argent et des jouissances matérielles nous envahit comme si c'était là le dernier mot du bonheur.

Or, retenez bien ceci : Quand l'argent ne sert pas à créer le bien, il stérilise ce que Dieu a mis en nous de meilleur et il nous frappe d'impuissance même pour notre propre bonheur. »

Les œuvres d'Arnoul n'étaient pas frappées de stérilité. Il comptait sur la Providence, elle ne lui fit pas défaut. Il fit appel à des amis, à des personnes riches et généreuses et les dons affluèrent dans sa caisse.

Il lui fallait l'autorisation ministérielle : il l'obtint facilement. Le 5 septembre 1862, la Société d'encouragement au bien, fondée au mois de juin précédent, était autorisée, et avait pour exergue cette belle devise : — *aimons-nous,— aidons-nous.*

Mais ce n'était pas tout, des obstacles sans nombre entravèrent les débuts de la nouvelle Société à la tête de laquelle il fallait nommer un conseil d'administration composé d'hommes dont le nom, la situation fussent des garanties de succès, il fallait placer à leur tête une haute individualité dont le nom serait un drapeau d'honneur capable d'attirer et de grouper tout un monde de sociétaires, de donateurs, de membres dévoués qui rechercheraient dans tous les rangs les belles actions secrètes, les dévouements inconnus de la société, triompheraient des résistances, réfuteraient les objections.

Arnoul ne se laissa pas abattre par d'aussi nombreuses difficultés, et pendant deux années il multiplia ses labeurs, ses recherches, essuya des déboires, entendit des railleries, eut à vaincre des doutes, des hésitations, des résistances.

Le but de la société était si vaste, l'entreprise semblait si hardie que les défaillances se produisirent jusqu'à la première séance publique, qui eut lieu le 23 mai 1864 à l'Hôtel-de-Ville.

La foule était nombreuse. Plus de trois mille personnes pénétrèrent dans la salle Saint-Jean. L'espoir revint à la vue d'un public aussi empressé.

M. le baron de Ladoucette, président de l'œuvre, ouvrit la séance par un discours dans lequel il préconisa les œuvres de charité, de moralisation et de philanthropie à la tête desquelles il plaça l'œuvre d'Honoré Arnoul.

M. Dufau, directeur des jeunes aveugles, exposa à

l'assemblée l'esprit et le but de la Société, dont il fit connaître les statuts qui avaient été longuement élaborés et qui furent généralement appréciés.

Le but de l'œuvre se résume ainsi :

Propager dans toutes les classes les principes de religion, de moralité, les habitudes d'ordre, d'économie, de tempérance, de dévouement.

Combattre par tous les moyens possibles, la funeste habitude du cabaret et du chômage volontaire du lundi.

Exciter le dévouement à la famille et à l'humanité, provoquer les bons soins aux parents âgés, pauvres et infirmes.

Améliorer la position des ouvriers en leur démontrant en toutes circonstances qu'ils ne peuvent rencontrer l'aisance et le véritable bonheur que dans l'accomplissement du devoir, la soumission aux lois, la probité, le travail et l'espoir en Dieu.

Tendre la main aux faibles, raffermir les timides, signaler les écueils et montrer la bonne route aux pauvres égarés.

Distribuer tous les ans aux lauréats, et suivant la position de chacun, à eux ou à leurs enfants, des médailles d'honneur.

Encourager par des distinctions honorifiques les écrivains consciencieux à publier des ouvrages moraux et instructifs.

Mettre en garde les travailleurs contre les œuvres de ces corrupteurs émérites qui, par vanité, intérêt privé ou moyennant salaire, se font par leurs écrits les empoisonneurs de la morale publique.

Stigmatiser l'égoïsme, cette lèpre affreuse de l'humanité ; le christianisme veut que tous les hommes soient frères.

Chacun se doit à tous ; rester indifférent au bien par insouciance ou dans un but d'intérêt privé, c'est manquer à la loi de Dieu et méconnaître les lois de l'humanité.

— Aimons-nous, — aidons-nous, — telle était la devise de la nouvelle société.

Après cet exposé, Honoré Arnoul, qui s'était réservé les laborieuses fonctions de secrétaire général, prend la parole pour donner lecture du rapport sur les récompenses et énumérer les mérites des lauréats, raconter leurs dévouements avec simplicité, dans un langage simple, sans emphase, avec des mots sortis du cœur et qui allaient au cœur.

L'émotion fut indescriptible, les applaudissements

témoignèrent de la sympathie que l'assemblée éprouvait pour l'œuvre et pour son fondateur. La cause était gagnée.

Le triomphe complet.

Honoré Arnoul eut pu s'en énorgueillir, mais il ne puisa dans cet enthousiasme de la foule qu'une ardeur nouvelle pour assurer la vitalité d'une société dont l'utilité avait été si solennellement consacrée après des entraves de toutes sortes ; « mais la rose, disait-il, a ses épines, tout bonheur est payé d'une larme, et si nos lèvres ont connu l'amertume du calice, notre confiance et notre courage n'ont pas faibli, nos convictions n'ont pas changé. »

Les Présidents de l'œuvre ont été des hommes d'élite, dont les noms connus et justement considérés, donnèrent à l'œuvre d'Honoré Arnoul la consécration de leur généreux dévouement, de leurs sciences, de leur haute situation.

Le premier Président fut le baron de Ladoucette, puis ce fut le duc de Larochefoucaud-Doudeauville, Elie de Beaumont, membre de l'Institut, Henri Giraud, sénateur, et enfin Jules Simon, membre de l'Institut et président actuel de la Société. Que ses ouvrages sur l'ouvrier et le devoir désignaient à ce poste d'honneur. Chaque année l'illustre écrivain descend des hauteurs de la philosophie pour parler dans un langage simple et familier de l'amour du prochain et rédire au brillant et nombreux auditoire qui l'entoure. « Ecoutez la voix du devoir. Elle dit à l'homme : Oublie-toi! Dévoue-toi! Sacrifie-toi! » (1)

Une imposante cérémonie a lieu tous les ans au mois de mai au Cirque d'hiver pour la distribution des récompenses, Honoré Arnoul, qui a constamment refusé la présidence de l'œuvre pour se réserver le modeste rôle de secrétaire, fait d'une voix vibrante et émue l'appel des lauréats.

Son bonheur est grand quand il signale des vies pleines d'abnégation et de dévouement, quand il montre les mains des riches serrant les mains calleuses du pauvre, les misères soulagées, le devoir souvent difficile généreusement accompli, la religion triomphante. « Parmi nos lauréats, dit-il dans un de ses discours, vous trouverez beaucoup de femmes. Leur mission est infinie, nous les trouvons auprès des blessés, au chevet des malades, leur apostolat est admirable, secondons-le. »

Puis, continuant son œuvre de moralisation et de

(1) Le devoir, Jules Simon.

patriotisme, la société décerne des couronnes civiques aux voyageurs qui, dans un but idéal ou humanitaire, vont au loin faire d'intéressantes découvertes et porter dans des pays étrangers le nom et l'amour de la France.

Ce sont aussi des récompenses distribuées aux historiens consciencieux, aux poètes, aux littérateurs qui consacrent leurs talents à faire connaître les gloires de la France et qui donnent à la jeunesse des livres moraux et instructifs qui sont un exemple et un enseignement, et des poésies dont l'idéalisme repose l'esprit du matérialisme de la vie.

Des vivats, des applaudissements prolongés acclamaient chaque nom prononcé par Arnoul, dont la douce physionomie réflète la joie et la sérénité du cœur.

L'incontestable utilité de l'œuvre fait germer autour d'elle des adhésions et des appuis.

Le nom d'Honoré Arnoul devint populaire, on retrouvait son portrait dans la mansarde du pauvre et l'atelier de l'ouvrier. Les enfants se pressaient sur son passage.

Orphelins du Seigneur, pauvres nefs sans voiture.
Ils la connaissent bien sa blanche chevelure
De qui l'argent soyeux s'éploie en longs roseaux.

Tel un de ces beaux soirs dont la splendeur étonne,
Quand la Vierge glissant sur les vapeurs d'automne,
Sème le fil de ses fuseaux. (1)

Honoré Arnoul a consacré ses jours et ses veilles, son intelligence et son cœur à l'administration de la Société d'encouragement au bien, dont le succès, le développement et la fondation lui sont absolument personnels.

Cette œuvre suffirait à elle seule pour assurer la gloire et l'immortalité à une vie, mais il restait encore à Arnoul quelques fleurs de charité à cueillir avant de répondre à l'appel de Celui qui ne laisse pas sans récompense un verre d'eau donné en son nom.

Et nous le verrons fondant encore de nouvelles sociétés et créant à côté de la Société d'encouragement qui est l'œuvre maîtresse de sa vie, trois autres associations qui forment autour d'elle une sainte et magnifique trilogie.

(1) Les grands cœurs, Stephen Liègeard.

CHAPITRE V

SOCIÉTÉS D'INSTRUCTION POPULAIRE, DES SAUVETEURS ET DU SOU DU BON DIEU

L'œuvre fondée par Honoré Arnoul prit une extension considérable et ses rameaux traversèrent les mers. En Espagne, à Constantinople en Turquie, en Belgique, en Allemagne, dans les Pays-bas, la société eut des adeptes et proposa des lauréats.

Ce fut alors qu'Arnoul, trouvant que l'instruction et l'éducation populaires se trouvaient forcément négligées par la multiplicité des travaux de la société, conçut le projet de détacher tout ce qui concernait l'instruction et l'éducation pour former de cette branche si importante de son œuvre une société nouvelle qui aurait son existence propre, son administration,

son fonctionnement, son titre de société libre pour le
développement de l'instruction et de l'éducation populaires.

Le 1er septembre 1869, l'autorisation ministérielle
fut accordée et Honoré Arnoul était nommé président
de cette nouvelle société dont le but était : de propager et de favoriser l'instruction par tous les moyens
possibles; de faciliter la fréquentation des écoles primaires ; de fonder des bibliothèques populaires, etc. ;
de récompenser les auteurs et les propagateurs de
bons livres d'instruction et d'éducation, etc., etc.

Fiat lux!... Telle était la devise de la société d'instruction et d'éducation populaires. Elle symbolise par
ces deux mots, sortis de la bouche divine, les sentiments des fondateurs et le but qu'ils se sont pro-
posés.

Le zèle infatigable d'Arnoul et son ardente charité
lui font trouver le temps de s'occuper non seulement
de l'administration de toutes les œuvres dont il
est le fondateur, mais encore de la société de patronage des condamnés libérés dont il est le vice-
président, de faire partie de la société internationale
pour l'amélioration du sort des aveugles et des sourds-
muets, d'être vice-président du congrès organisé par

cette société. Enfin de collaborer à la plupart des sociétés philantropiques de Paris et de la province qui sollicitaient son patronage.

La moisson d'Honoré Arnoul semblait terminée. Il avait été le semeur et le bon grain poussait. Encore quelques jours et la gerbe sera terminée encore une œuvre et voici en quelles circonstances et comment elle prit naissance.

Un soir de novembre 1874, par un temps glacial, Honoré Arnoul, après une journée passée à rechercher les souffrants, les malheureux, les déshérités pour les secourir et les consoler, rentrait rapidement chez lui emmitouflé dans une vaste houppelande quand au détour d'une des rues sombres de Batignolles, il entend une voix d'enfant crier à travers ses larmes.

— Monsieur, par pitié..., un petit sou du bon Dieu?...

Honoré s'arrête : la voix plaintive tremblait de froid et d'émotion en répétant :

— Un petit sou du bon Dieu?...

Il n'en fallait pas tant pour émouvoir celui que l'on appelait déjà « le petit manteau bleu ».

Il s'approche et aperçoit sous une porte une malheureuse fillette de cinq à six ans, à peine vêtue, grelottant de froid et de faim et murmurant toujours entre ses lèvres bleuies par le froid.

— Monsieur, par pitié..., un petit sou du bon Dieu?...

Honoré donne le sou du bon Dieu et interroge l'enfant : ses frères n'ont rien mangé, le père est mort de misère, la mère est malade,

« Conduis-moi près d'eux, » dit Arnoul en prenant l'enfant par la main, et malgré l'heure avancée, malgré le froid, malgré la bise qui soulevait sa blanche chevelure, Arnoul se presse, arrive dans un quartier éloigné de son modeste appartement de la rue Truffaut, gravit rapidement un escalier tortueux et entre dans une mansarde où il se trouve en face de la plus affreuse misère : dans un coin, quatre enfants, couchés sur un peu de paille, couverts de quelques lambeaux, dormaient d'un sommeil interrompu par de sourds gémissements : ils avaient faim!... La mère allaitait un enfant nouveau-né qui criait sur un sein tari.

Des larmes tombaient des yeux de cette malheureuse.

Honoré la consola de son mieux au nom de Celui qui

a dit : « Bienheureux les pauvres », puis il déposa sur une table boiteuse le contenu de son porte-monnaie et rentre chez lui le cœur navré, préoccupé de cette affreuse pensée que des enfants pouvaient avoir faim.

...Et alors il va frapper à la porte d'amis généreux, toujours prêts à le seconder, il leur dit qu'il y a encore une œuvre à faire, car il y a d'affreuses misères à soulager, et par un véritable miracle les dons affluent et vingt-quatre heures après, grâce à l'activité, l'énergie, l'initiative d'Honoré Arnoul, l'œuvre touchante et pieuse du sou du bon Dieu était fondée.

Le petit sou s'était multiplié comme les pains de l'Evangile et Arnoul rendit grâce à Dieu, reconnaissant que ce petit sou du bon Dieu avait été une inspiration du ciel pour lui révéler une œuvre utile entre toutes pour « les enfants qui avaient faim. »

Le lendemain le sort de la pauvre veuve et de ses enfants était assuré, et dès l'hiver suivant, les pauvres eurent leur part dans les distributions de vêtements et de combustibles et d'affreuses misères furent soulagées au nom du sou du bon Dieu.

Arnoul veut compléter son œuvre en créant à côté de la société du sou du bon Dieu qui vient en aide à l'indigence honnête, une société émanant de la société d'encouragement qui la complètera et en formera une branche nouvelle.

Elle aura pour mission de récompenser le dévouement sous toutes ses formes, non seulement le dévouement de celui qui sauve ses semblables d'un péril imminent, mais aussi de celui dont les services rendus à l'humanité ont pu éviter une catastrophe morale ce qui constitue un sauvetage tout aussi méritoire que le sauvetage matériel.

« Chacun se doit à tous. — Aimons-nous. — Aidons-nous. »

Telle fut la devise de la nouvelle société de l'union des sauveteurs. Honoré Arnoul en fut nommé président, et chaque année, des récompenses sont décernées à ceux qui ont exposé leur vie pour sauver leurs semblables.

Il appartenait au président de la société des sauveteurs de donner l'exemple des courageux dévouements et un jour, place Clichy, Honoré Arnoul arracha sous les pas des chevaux un enfant qui allait être écrasé et reçut une grave blessure.

Le gouvernement lui envoya une médaille qu'il accepta mais ne porta jamais.

Les témoignages d'estime et d'affection lui arrivaient de toutes parts et il y était extrêmement sensible. A la grande séance de 1878, ses collègues se réunirent et le président, M. Henri Giraud, au nom de tous les membres de la société d'encouragement, lui offrit, une couronne civique et une plume en or ornée de diamants. Les larmes lui vinrent aux yeux et son émotion était si vive qu'il ne pouvait témoigner sa reconnaissance.

L'opinion publique n'était pas ingrate envers Arnoul et on admirait ce vieillard dont les épaules ne fléchissaient pas sous le poids d'une charité aussi ardente.

Quand on apprit sa nomination de chevalier de la légion d'honneur, ses amis se réunirent pour lui offrir une croix enrichie de diamants.

Une autre fois, en novembre 1882, on couronna son buste à la mairie du IVe arrondissement, aux applaudissements de la foule. M. Liegeard, le sympathique poète des *grands cœurs*, composa pour cette circonstance un sonnet que nos lecteurs nous sauront gré de reproduire ici :

« Pourquoi sur ce haut front, ces longs flocons de neige ?
Si le mont a blanchi c'est qu'il est près des cieux.

Quel feu dans ce regard ! Quel grand penser l'assiège ?
C'est la flamme du cœur qui jaillit par les yeux.

Mieux qu'un habile airain son labeur le protège.
De l'ombre roi de l'âme, il surgit radieux ;
Son nimbe est la bonté, le bienfait son cortège,
Rome eut cru voir en lui la majesté des Dieux.

Qu'a-t-il fait?... Des heureux ! Il essuya des larmes ;
De l'humain égoïste il a brisé les armes
Victorieux toujours et toujours combattant.

Son nom à nos bravos il voudrait se soustraire.
Mais Francklin dit : « Mon fils. » Saint Vincent dit : « Mon frère.»
La charité l'appelle et le laurier l'attend. »

CHAPITRE VI

DERNIÈRES ANNÉES

La santé d'Arnoul s'altérait ; les fatigues, les préoc-
cupations, le labeur incessant accablaient sa vaillante
nature.

Sa pensée se reportait vers ce foyer familial à jamais brisé, vers ces parents disparus, vers l'ange envolé, qui n'avait traversé sa vie que pour y laisser une
trace lumineuse.

La solitude l'écrasait ; ses forces s'épuisaient, il
lutta encore ; mais la maladie fut plus forte que la
volonté et Honoré Arnoul fut terrassé par elle. Une
fièvre ardente s'empara de lui et son état était des plus
graves quand une de ses nièces, Mademoiselle Inès
Perrin, vint s'installer à son chevet et l'entourer des
soins les plus intelligents et les plus dévoués.

Sous l'action bienfaisante de cette nouvelle Anti-
gone, le malade se rétablit. Il eut une profonde reconnaissance pour cette nièce dont le dévouement admirable l'avait arraché à la mort et dont la bonté et la
perfection de cœur et de caractère le rattachait à la
vie et le consolait d'une ingratitude qui avait meurtri
son cœur. La jeune fille resta près de son oncle, qui
ne voulut jamais s'en séparer; elle fut son secrétaire,
l'aidant, le secondant dans ses œuvres, et quand les
mains tremblantes d'Honoré laissaient échapper la
plume, les mains vaillantes de Mademoiselle Inès
Perrin la reprenaient. Elle achevait la phrase com-
mencée, complétait la pensée ébauchée, s'occupait des
œuvres de son oncle avec la plus grande intelligence
et le plus complet dévouement.

Elle aidait son oncle dans ses recherches, et travaillait avec lui pour tout ce qui pouvait contribuer
au développement et à la gloire de la société d'encouragement au bien.

Parmi toutes les villes où Honoré voulait voir flotter sa chère devise « Aimons-nous — Aidons-nous »,
il en était une qui lui tenait au cœur plus particuliè-
rement, c'était Limoges. Il s'occupa avec la plus vive
sollicitude de la création d'une succursale de la société

d'encouragement au bien dans sa ville natale, dans cette ville où il avait lutté, souffert, aimé.

Il eut à vaincre quelques difficultés, mais elles s'applanirent, grâce à l'énergie d'Arnoul et aux hommes intelligents et dévoués qui furent placés à la tête de la société.

Au mois d'août 1885, elle était parfaitement organisée et Honoré quitta sa petite maison de la rue Truffaut, pour venir présider la grande séance de la cérémonie des récompenses.

On lui fit une véritable ovation ; une foule énorme se pressait pour revoir cet enfant du pays dont le nom devenu célèbre sera un jour inscrit au livre d'or des bienfaiteurs de l'humanité, et qui conservait au milieu de la brillante réputation que ses vertus lui avaient acquise la simplicité primitive des apôtres.

Il éprouva une violente émotion en se retrouvant au milieu de ses souvenirs d'enfance et de jeunesse, sa première visite fut pour le cimetière, et le 13 août il écrit à sa nièce :

« Je suis allé hier visiter les tombes de mes chers morts ; j'y ai passé des heures dans le recueillement et la prière. Les ronces et l'herbe couvraient le sol, j'ai fait déblayer et arranger tout cela.

» Aucune main pieuse n'avait passé depuis long-temps et quelles pensées amères ont fait naître en moi cet abandon, cette solitude. Ah ! si jamais quelques bouffées d'orgueil sont venues à mon cerveau comme la triste réalité doit me rendre plus modeste et plus humble.

Le 17 août eut lieu la grande séance. Elle fut très nombreuse, très brillante. « Un succès fou, écrivait-il à sa nièce ; mais je suis horriblement fatigué, et je pars pour Tours, afin de me reposer au milieu de vous.

Le repos chez Arnoul n'était jamais complet. Il passa les dernières années de sa vie à s'occuper spécialement de « ses quatre filles », comme il appelait la société d'encouragement au bien, le sou du bon Dieu, l'union des sauveteurs et la société libre d'instruction populaire.

Ses œuvres prospéraient ; il avait réveillé les somnolences et multiplié les énergies. Les comptes-rendus de toutes les sociétés lui arrachaient des larmes quand il lisait le récit de tant de belles et bonnes actions. Son affabilité était parfaite et son appartement de la rue Truffaut était trop petit pour recevoir ceux qui voulaient avoir le bonheur de causer avec lui.

La visite de ses compatriotes lui causait un plaisir extrême. Il aimait à s'entretenir avec eux des misères physiques et morales de ses concitoyens et avait toujours un mot bienveillant et tendre qui allait au cœur de celui à qui il s'adressait

Au mois de février 91, il reçut le président de la société de Limoges.

« Je fus saisi, dit M. Dubois, d'un sentiment de vénération et de respect en présence de ce vieillard à la longue chevelure blanche, au sourire caressant, à la physionomie intelligente et fine que vient illuminer un regard clair et profond. M. Arnoul m'a entretenu de ses œuvres avec une ardeur de néophyte et une joie d'apôtre, énumérant avec la même bienveillance ses joies, ses déceptions et ses succès, et j'ai appris qu'en dehors des récompenses purement honorifiques décernées par la société, son action se traduisait par des distributions de secours en argent, en vêtements, en combustible ; par la visite des malades à domicile, dans les hôpitaux, etc., etc. »

La charité d'Arnoul était inépuisable ; elle s'étendait à toutes les misères ; l'ombre des années ne voilait pas sa merveilleuse intelligence, et avec une lucidité parfaite, il s'intéressait à tout et prenait un extrême plaisir à recevoir ses amis et à s'entretenir avec eux.

L'arbre du bien qu'Honoré Arnoul avait planté à Limoges porta d'excellents fruits.

Nulle part la propagande ne fut plus active, les dévouements plus spontanés. Grâce au zèle intelligent de son président, M. le docteur Dubois, et des membres qui la composent, l'œuvre prit un développement considérable ; mais l'honneur en revenait à Arnoul et dans un éloquent discours, dont nous reproduisons quelques passages, M. Dubois veut en rendre hommage à son vénérable fondateur.

« Notre chère Société d'encouragement au bien, dont les rameaux, dit-il, partant d'un tronc vigoureux s'étendent aujourd'hui à tous les pays du monde civilisé, est l'œuvre d'un Limousin, d'un homme de cœur dans la haute acception du mot, de cet admirable Honoré Arnoul dont nous sommes fiers d'être les concitoyens et de nous proclamer les disciples.

Après avoir écarté les obstacles qui ne manquent jamais de s'opposer au développement d'une idée nouvelle, après avoir purgé le terrain des ronces et des épines qui envahissaient le sol fraîchement remué ; après avoir élevé le superbe édifice au fronton duquel il a gravé la belle devise : « Aimons-nous, aidons-nous », cet homme modeste autant que généreux s'est éloigné des hauteurs où il pouvait être remarqué, et n'a voulu être que le secrétaire général de la Société qu'il a créée. Il avait été à la peine, il a voulu rester à la peine ; mais la justice et la reconnaissance nous font un devoir de le porter à l'honneur. Aussi bien de tels hommes ne sauraient s'y dérober ; le bien qu'ils sèment autour d'eux proclame trop haut leurs mérites, ces grands, ces excellents citoyens non seulement ne sauraient se soustraire aux obligations que le pays a contractées envers eux, mais ils sont sûrs de ne jamais mourir tout entiers ; ils ont la certitude de se perpétuer dans leurs œuvres; de revivre dans leurs disciples, dans le bien qu'ils ont accompli, dans celui qu'ils ont provoqué.»

Ces paroles, en quelque sorte prophétiques, ne tarderont pas à se réaliser.

Les forces d'Arnoul défaillaient. Il vit venir la mort. Elle ne l'effraya point.

Il était riche pour le ciel de vertus et de bonnes œuvres amoncelées. Il demanda son ami le vénérable aumônier de Saint-Cyr, l'abbé Lanusse ; il lui fit sa dernière confession et reçut les sacrements avec une foi et une piété admirables, puis il s'éteignit dans les bras de sa nièce, qui était la vivante image de son ange gardien, et les yeux fixés sur la divine image du Maître qu'il avait servi avec tant d'amour, il s'endormit du sommeil des justes.....

C'était un saint !... dit l'abbé Lanusse en ne pouvant contenir les larmes qui l'étouffaient.

« Heureux ceux qui meurent dans le Seigneur, leurs œuvres les suivent. »

Quelques amis sont appelés à contempler une dernière fois le pâle visage de celui dont la vie tout entière fut consacrée au bonheur de l'humanité.

Il est là sur un petit lit de fer près duquel trempe une branche de buis béni, sa tête sereine dans la mort comme elle le fut dans la vie, semble sculptée pour l'éternité.

Ses funérailles eurent lieu à Sainte-Marie des Batignolles. On se pressait autour de son cercueil, on redisait ses vertus, son inépuisable charité, son dévouement au bien, et on répétait avec l'abbé Lanusse : c'était un saint !

Honoré Arnoul avait exprimé le désir de reposer près des siens, et Limoges, son pays natal, réclame sa dépouille.

Après le service solennel et les suprêmes adieux, le funèbre convoi s'achemina tristement vers la gare d'Orléans.

La nature semble s'associer au deuil du peuple de Paris qui perd son bienfaiteur.

La neige tombe, et semble recouvrir d'un linceul immaculé le cercueil de l'homme de bien qui, en disparaissant, laisse à tous comme un exemple et un enseignement sa chère devise :

« Aimons-nous, — aidons-nous. »

ÉPILOGUE

La nouvelle de la mort d'Honoré Arnoul causa à Limoges une profonde émotion.

Le 14 janvier, la *Gazette du Centre* annonçait ce douloureux événement, et rappelait, dans un article éloquent et bref la vie de cet enfant du pays, dont les débuts furent modestes et qui était arrivé, grâce à son courage, son intelligence, son travail, à se créer une situation indépendante et un nom, qui restera gravé en lettres d'or parmi ceux des bienfaiteurs de l'humanité.

« C'était surtout, dit M. Louis Guibert, aux œuvres de philanthropie et de solidarité qu'Arnoul se dévoua avec toute l'ardeur de son cœur, à celles surtout, dit-il, qui sans oublier les besoins matériels visent à l'amélioration de l'être intérieur, à l'illumination de l'esprit et de l'âme.

« Arnoul comprenait la fraternité, la vraie, comme un devoir, non comme un moyen, et il cherchait à la réaliser en élevant les cœurs et non en les abaissant.

« Quand on regarde ainsi l'humanité, il n'est pas possible qu'on ne finisse pas par découvrir Dieu dans ses œuvres et que les yeux ne se lèvent pas vers le ciel, c'est ce qui est arrivé pour Honoré Arnoul, éloigné de toute pratique religieuse, il y était revenu et il est mort avec les consolations du prêtre et les sublimes espérances du chrétien.

« Il était revenu à Limoges il y a une dizaine d'années, il y avait conservé des amis et avait été entouré de témoignages d'estime et d'affection.

« Il se proposait de revenir bientôt et ses collègues et les fils de ses anciens amis se faisaient une fête de se réunir encore une fois autour de l'excellent vieillard.

« Hélas ! c'est autour de son cercueil que nous nous réunirons demain.

« Nous convions à ce triste rendez-vous tous nos amis,
tous ses amis. »

Cet appel chaleureux fut entendu, et le 15 janvier
1893, malgré la neige qui ne cessait de tomber, malgré le froid, malgré la bise, une foule énorme se
pressait à la gare d'Orléans pour saluer à son arrivée
l'homme généreux et bon qui après avoir consacré sa
vie à secourir les pauvres, à encourager les dévouements, à exalter les héroïsmes, avait voulu venir
dormir son dernier sommeil au milieu de ses compatriotes, de ses amis.

Les présidents des sociétés d'encouragement au bien,
de l'union central des sauveteurs, de l'œuvre du sou
du bon Dieu et de l'instruction populaire avaient con-
vié les membres des sociétés à venir rendre un dernier
hommage à leur fondateur, et tous avec les insignes
de l'œuvre étaient réunis pour accompagner au
champ du repos leur compatriote et leur ami.

Le maire, le préfet, les autorités, les fonctionnaires
étaient venus aussi pour rendre un suprême honneur
à l'homme de bien qui avait donné à la société dont il
était le fondateur, cette devise incomparable :

« Aimons-nous, — aidons-nous. »

Bientôt le train arrive et le funèbre fourgon apparaît. Tous les fronts se découvrent, et quand Mademoiselle Inès Perrin, dont la tendre sollicitude, le dévouement si filial et si profond avaient entouré les dernières années de son oncle, descend du wagon, une poignante émotion saisit tous les cœurs.

Elle avait voulu rester près du cercueil qu'elle ramenait dans un caveau de famille, où Honoré Arnoul avait exprimé le désir de venir reposer près de sa mère et près de la femme adorée dont il avait été si brusquement séparé par la mort.

Le cortège se mit en marche et arriva péniblement au champ du repos.

La cérémonie religieuse eut lieu à la chapelle de Louyat. Après les dernières prières de l'Eglise, M. Dubois, président de la société d'encouragement au bien, prononça d'une voix émue un discours qui arracha des larmes aux assistants.

L'adieu suprême est prononcé, les parents, les am is se retirent..., mais la mémoire du juste ne périra pas et son nom est désormais acquis à la postérité. Le buste en bronze d'Honoré Arnoul, est offert à sa ville natale par Mademoiselle Perrin qui désire voir perpétuer à Limoges le souvenir de son oncle.

Son vœu est exaucé : un superbe mausolée s'élèvera bientôt sur la tombe d'Honoré Arnoul ; quelques mois après cette douloureuse cérémonie des funérailles, une délégation du comité de la Société d'encouragement au bien se rendait au cimetière pour porter à son fondateur un témoignage d'hommage et de regrets et dans la séance solennelle de la distribution des récompenses, qui eut lieu le 6 août 1893, M. le docteur Dubois, trace admirablement, à grands traits, cette physionomie douce et attachante d'Arnoul.

« C'est une figure de grand caractère dit-il, dans son discours dont nous extrayons les principaux passages. Honoré Arnoul alliait une volonté ferme à une infinie douceur. En 1849, après de nombreuses péripéties à travers les lettres et la politique, il trouva sa véritable voie.

« Il se mit à creuser par un effort incessant le sillon, d'où allaient fructueusement sortir de nombreuses sociétés, orphelinats, crèches, moyens d'instruction, mutualités, tous les prodiges d'une inépuisable charité aboutissant à la création de cette association philantropique si vite popularisée sous le nom de « Société nationale d'encouragement au bien, » dont il n'a jamais voulu occuper que les modestes fonctions de secrétaire-général, il a préféré lui donner tous les trésors de son cœur, refusant les postes les plus avantageux et les plus élevés pour rester fidèle à son apostolat, à sa propagande du bien sous toutes les formes.

« Son œuvre maîtresse de l'encouragement au bien a grandi, prospéré, elle embrasse aujourd'hui comme dans un immense réseau l'Europe entière. Elle est d'essence française, et réserve en l'immortalisant à son fondateur une récompense plus enviable que toutes celles qu'il a déjà reçues. Sa vie, dit en terminant l'orateur, peut se résumer en deux admirables maximes, dont chaque année ses discours nous montraient l'élévation et la beauté.

« Dieu ! fraternité ! patrie !

« Aimons-nous ! Aidons-nous. »

M. Amand Dubois, le secrétaire de la société de Limoges, rappelle éloquemment l'affection d'Arnoul pour son pays : « Aussi ce matin, dit-il, notre première action a été un salut respectueux à la plus que modeste tombe qui renferme sa dépouille mortelle.

» Il a voulu reposer parmi ses concitoyens et par une froide et sombre matinée de janvier, nous l'avons conduit là-bas, sous les grands pins dont les voix mélancoliques bercent son dernier sommeil.

» Aujourd'hui, pieusement inclinés sur son cercueil, nous dirons avec le poëte « des grands cœurs. » (1)

De l'air pur des sommets, Arnoul était avide,
Contre un printemps sans fin, il changea ses hivers ;
Gloire au sarment béni que sa gerbe environne,
Il peut dormir en paix sous la fraîche couronne
Qui met à son vieux front des lauriers toujours verts,

» Mais pour nous, le fondateur de la société d'encouragement au bien n'est pas un mort, car il appartient à la phalange privilégiée des grands citoyens, qui en nous quittant entrent de plain pied dans l'immortalité ; c'est son exemple qui nous guidera et nous dirons en terminant avec le poëte :

Du moins l'ayant perdu, ne perdons pas courage,
Si l'ouvrier n'est plus, reprenons son ouvrage,
Le culte d'un tel mort se garde en travaillant. »

A Paris, un solennel hommage fut rendu à Honoré Arnoul, le 23 mai 1893 au Cirque d'hiver, à la grande séance annuelle de la distribution des récompenses.

Le buste d'Honoré Arnoul était voilé de crêpe,

(1) Stephen Liégeard.

mais son âme semblait flotter au dessus de l'assistance qui se pressait nombreuse pour entendre parler encore de son fondateur, les yeux se portent sur cette place qu'il occupait naguère et d'où il a prononcé tant d'inoubliables et émouvants discours, un homme aux sentiments patriotiques et élevés, un enfant de l'Alsace c'est tout dire, M. Henri Conscience remplace au secrétariat général M. Arnoul.

M. Jules Simon prend la parole au milieu d'un religieux silence.

« Ce n'est pas seulement, dit-il, parce qu'Honoré Arnoul était le fondateur de notre Société que je veux vous parler de lui, c'est parce que toute sa vie est un modèle que nous pouvons offrir à ceux qui comme lui veulent encourager le bien et qui commencent par le pratiquer.

» Nous n'avons plus qu'une chose à faire pour honorer et grandir sa mémoire, c'est de l'imiter.

» Il nous a donné deux grandes choses : l'œuvre qu'il a faite, et la vie qu'il a menée.

» L'exemple d'une vie pure et impeccable.

» Il aurait pu mourir riche et puissant, il a préféré mourir pauvre et tous les pauvres voulaient suivre son convoi.

» Les riches et les puissants de la terre sont environnés ces jours-là de tout l'appareil que la société peut rassembler. Ils emportent le souvenir du bruit qu'ils ont fait. Reste à savoir ce que ce bruit a signifié, s'il n'a été fait qu'en l'honneur de leur vanité, il ne leur sert à rien, car ce jour-là.., le dernier jour, on emporte avec soi une seule chose, ce sont les services que l'on a rendus à l'humanité. »

La moisson d'Honoré Arnoul était riche en vertus, en dévouements, en intelligente charité, et un des vice-présidents de la Société disait en parlant de lui :

« C'est une grande figure d'honnête homme qui a disparu pauvre en terrestres richesses, riche de vertus et de bonnes œuvres. »

« Limoges possède sa dépouille, dit-il encore, mais le souvenir du bienfaiteur reste le patrimoine de ce peuple de Paris qui le chérissait. »

Avant la distribution des récompenses et l'appel des lauréats, M. Stephen Liégeard dit avec une émotion communicative quelques stances qui furent chaleureusement applaudies et qui terminerons mieux que nous ne saurions le faire, l'esquisse de la vie d'Honoré Arnoul, le « petit manteau bleu » des temps modernes, de cet homme de bien qui, suivant la parole évangélique, a passé en faisant le bien.

A l'absent :

C'est l'heure ou devant vous l'œil profond, l'âme haute,
Prêt à jeter l'honneur ainsi qu'on jete un hôte ;
Se levait à son tour l'apôtre en cheveux blancs,
L'ardeur du bien semblait le brûler de sa fièvre ;
Quand l'abeille au miel d'or s'échappant de sa lèvre,
Allait, d'un vol aimé, vous chercher sur ses bancs.

Aimons-nous !... Aidons-nous ! Que ce cri nous soit cher !
Au pacte saint d'amour, amis restons fidèles,
Et que la charité de l'ombre de ses ailes,
Couvre tous les enfants, fils de la même chair !

Car l'acier fauche en vain dans la moisson humaine,
En vain l'orage gronde et la mort s'y promène,
Ouvrant large trouée au plus épais du rang ;
S'il n'est rien d'éternel en ce monde éphémère,
La nature du moins veut parfois tendre mère,
Que sur l'épi qui tombe il s'en dresse un plus grand.

Et celui-là pour vous ne s'est pas fait attendre,
Celui (1) qui rend meilleur vous venez de l'entendre,
Vos fronts ont tressailli d'une noble fierté ;
Lorsque passait sur eux le vent d'une oriflamme,
Où sa main écrivit jadis en traits de flamme,
Les mots Devoir et Dieu, Patrie et Liberté.

(1) Jules Simon.

TABLE DES MATIÈRES

TABLE DES MATIÈRES

FIN DE LA TABLE

LIMOGES. — Imprimerie Marc Barbou et Cie.

9 782019 998585